고백

이재록 목사의
영성이 깨어나는 시(詩) 100편

고백

이재록 목사의
영성이 깨어나는 시(詩) 100편

우림

함 펴내는 글

여느 젊은이들처럼 찬란한 미래를 꿈꾸던 때가 있었습니다. 좋은 대학을 나오고 유학을 다녀와 큰 인물이 되리라는 꿈을 안고 미래를 설계하던 시절이 있었지요. 그러나 꿈꾸던 것과 달리 20대의 제 삶은 절망의 나락으로 끝없이 추락해갔습니다.

신혼 무렵, 갑작스레 찾아온 질병으로 몸은 만신창이가 되었고, 가장으로서 가족에게 아무것도 해줄 수 없는 짐스런 존재가 되고 말았습니다. 그토록 우애가 좋았던 형제들조차 투병기간이 길어지면서 저를 꺼려했습니다. 혈육 간의 정이 얼마나 허망한 것인지 알게 되었습니다. 또 가난이 얼마나 가슴 아픈 일인지 뼈에 사무치도록 절절히 느껴 보았습니다.

절망의 늪에서 헤매던 어느 날, 사랑의 하나님께서 저를 만나 주셨습니다. 제가 성전에 가서 무릎을 꿇는 순간, 그 많던 질병을 단번에 치료해 주신 것입니다. 그때부터 하나님은 제 삶의 전부가 되었습니다.

하나님을 만나 그분의 사랑을 느낄수록 그분의 마음과 뜻을 더 온전히 알고 싶은 마음이 간절해졌습니다. 시간만 나면 기도하고 부흥성회 소식이 들려오면 어디든 찾아가 말씀을 들었습니다. 물길을 찾아 수십 미터 뿌리를 뻗어가는 나무와 같은 갈급함으로 하나님 뜻을 알고자 궁구했습니다. 이 마음은 책 내용 중에 잘 나타나 있습니다.

'사랑하는 아버지… 아버지의 참뜻을 알고자 산에 올라
아버지 앞에 무릎을 꿇었나이다.'
'이 아들은 아버지의 깊으신 사랑을 전하기 원하오며
많은 사람이 아버지를 오해하지 않고
참으로 믿기를 원하나이다.'

마침내 하나님께서는 깊은 기도 중에 성경 속에 담아 놓으신 무궁무진한 마음과 뜻을 밝히 알려 주셨습니다. 또한 저의 마음의 고백뿐만 아니라 하나님, 주님, 믿음의 선진들의 고백까지 알려 주셨습니다. 이 벅찬 감동을 많은 사람과 공유하고 싶어 내용을 정리하여 『고백』이라는 책으로 발간하게 되었습니다.

1부에서는 인생을 향한 하나님의 고백과 첫 사람 아담을 비롯하여 구약 시대에 사역했던 믿음의 선진들인 에녹, 노아, 아브라함, 야곱, 요셉, 모세의 고백 일부를 담았습니다. 오랜 염원과 소망을 담아 사람을 지으셔서 사랑을 나누기 원하셨던 아버지 하나님의 사랑을 느낄 수 있습니다.

'내 마음이 이렇게 큰데 누가 있어 이 마음을 알까?
내가 주고자 하여도 받는 이가 없고
내가 나누고자 하여도 나눌 이가 없네.
내 크고 큰 이 마음을, 깊고 깊은 내 마음을 알 이가 없으니
내 마음을 알 자, 그들로 나의 사랑을 보이리라.'

하나님께서는 큰 사랑의 마음을 담아 사람의 모든 세포와

기관을 만드셨습니다. 정성껏 눈과 귀, 코와 입, 손과 발, 오장 육부를 만들고 생기를 그 코에 불어넣으셨지요. 이후 인간 경작을 하면서 모든 인생들을 사랑으로 이끌고 계십니다.

'내가 너희를 만들었나니
내가 너희를 책임지며 이끌어감이라.
너희가 나를 믿고 순종한다면 나의 영광을 보려니와
아버지의 사랑을 느끼리라. 나는 너희를 만든 아버지라.'

하나님께서는 온 우주를 덮고도 남을 만큼 마음이 크고 넓으며 사랑이 많은 분입니다. 하지만 영이시기 때문에 눈으로 볼 수 없고 그 사랑을 피부로 느끼지 못하는 사람도 있습니다. 그래서 하나님께서는 사랑하는 아들 예수님을 보내셔서 불순종의 죄로 영원한 사망에 이를 인생에게 사랑을 확증시키며 구원과 영광의 길을 열어 주셨습니다.

2부에서는 구세주로 오신 예수님의 고백을 비롯해 세례 요한, 사도 베드로와 요한, 바울 등의 고백 일부를 실었습니다.

'이 물가의 고요한 소리가
아버지의 어루만짐으로 느껴지나이다.'
'고요한 적막, 잔잔한 물결 소리.
사랑하는 이들의 얼굴,
나를 보내신 아버지의 마음이 깊이 느껴지나이다.'

예수님께서 바쁘신 사역 중에 갈릴리 호수에서 잠시의 쉼을 얻으시고 아버지의 따뜻한 사랑을 느끼며 드렸던 고백입니다. 제자들을 불러 가르치고 복음을 전하며 표적을 베푸시는 등 바쁜 나날을 보내시면서 때로는 이동하는 배 안에서 잠이 드시고 딱딱하게 굳은 빵을 제자들과 나눠드실 때도 있었지요. 이러한 모습을 아버지 하나님께서는 얼마나 따뜻한 눈길로 바라보셨겠습니까?

예수님의 고백에는 추위와 배고픔, 많은 고난을 겪는 중에도 인생들을 향하신 사랑이 절절히 녹아 있습니다. 천국의 아름다움과 행복을 너무나 잘 아시기에 죄로 물든 인생들을 바라보며 매우 안타까워하셨습니다.

십자가의 고난을 앞두고는 '이제 아버지의 아름다운 섭리를 이룰 시간이 다가오나이다.' 하고 아름다운 고백을 올려드리셨지요. 생명을 주어야 하는 고단함을 먼저 떠올리신 것이 아니라 남겨질 제자들을 위해 기도하셨고, 배신할 제자를 떠올리며 '그의 마지막 모습이 가슴을 에인다.'고 말씀하십니다.

수많은 영혼이 생명을 얻을 것을 소망하며 감사로 고난의 길을 가셨고, 마지막 순간까지 사랑하는 이들을 아버지 하나님께 부탁하기를 잊지 않으셨습니다.

3부에서는 저의 고백을 수록하였습니다. 수년 전, 성도들과 갈릴리 호수 주변을 순례할 때에 물방울마다 2천 년의 세월을 넘어 예수님의 숨결이 담긴 듯한 감동을 받았습니다.

'내가 바라보는 이곳이 주가 바라보던 곳임에…'
'사랑하는 내 주여, 이곳에 계셨더니이까.
어디로 지나가셨나이까.
무엇을 생각하시며 무엇을 말씀하셨나이까.'

저는 주님의 사역을 떠올리며 '주님의 사랑의 마음을 닮아 생명 다해 영혼들을 사랑하리라.'는 마음을 먹었습니다.

'할 수만 있다면 내 눈도 내 귀도
내 손도 내 팔도 내 호흡도 영혼들에게 다 주고…'
'어느 하나 버리고 싶지 않고
어느 하나 사랑 안 가는 이가 없음을…'
'내 마음은 할 수 있는 사랑으로 가득하나이다.'

주님이 생명 다해 뿌려놓으신 사랑과 믿음의 씨들을 아름다운 결실로 거두어 드리기를 간절히 소망합니다. 모쪼록 이 글을 읽는 모든 분들에게 하나님의 사랑이 물밀듯 밀려와 마음을 촉촉이 적시는 감동으로 함께하기를 기원합니다.

겟세마네 기도처에서 축복의 2014년 2월,

이재록 목사

1장
사랑하는 나의 아버지

나의 사랑을 보이리라

내 마음이 이렇게 큰데 누가 있어 이 마음을 알까?
내가 주고자 하여도 받는 이가 없고
내가 나누고자 하여도 나눌 이가 없네.

내 크고 큰 이 마음을,
깊고 깊은 내 마음을 알 이가 없으니
내 마음을 알 자, 그들로 나의 사랑을 보이리라.

나는 스스로 있는 자이나
내 마음과 내 사랑으로 인해
내가 친히 그 한계를 입으리라.

내가 오늘 정한 이 마음은 훗날에
나의 공간과 마음과 사랑을 말해 주리니
내 스스로가 이 정한 일로 기뻐하리라.

사랑을 주고받을 참 자녀를 얻고자
태초에 인간 경작을 계획하고
삼위일체 하나님으로 존재하시게 된 근본 하나님의 마음

나는 너희를 만든 아버지라

내가 너희를 만들었나니
내가 너희를 책임지며 이끌어 감이라.

너희가 나를 믿고 순종한다면
나의 영광을 보려니와
아버지의 사랑을 느끼리라.

나는 너희를 만든 아버지라.

삼위일체 하나님께서
사람을 창조하시고 경작하면서
사랑하는 자녀들을 책임지고 이끌어가시는 섭리

정녕 이 사람이 나의 마음을 알꼬?

나의 오랜 염원과 나의 소망이
정녕 이 안에 담겨 있도다.
내가 이루는 이 아름다운 일들로 인하여
내가 소망하고 계획한 모든 일들이 온전히 이루어지기를….

나의 능력의 손길이
하나하나에 닿아 기관과 모든 것을 만들고 있음이나니
아름답게 지어지는 이 사람을 통하여
내가 영광을 받으리로다.

그 후손과 그 대대의 후손을 통하여
나의 아름다움과 인자함과 온유함과
나의 사랑 많음과 전지전능함이 선포되리로다.

내가 이와 같이 아름답게 입을 만들고
입술을 만들고 귀를 만들며 손을 만들고
발을 만들며 모든 것을 만듦이로다.

이제 이 사람의 태어남을 통하여
나의 오랜 염원과 소원이 이루어지리로다.

정녕 이 사람이
나의 마음을 알꼬?
나의 이 마음을 알꼬?
몸의 모든 기관과 세포 하나하나를 이루는
아버지의 이 사랑의 마음을 알꼬?

나의 오랜 염원이
이 사람을 탄생시켰음이나니
모든 것이 나의 영광을 위하여 훗날까지 이르리로다.

큰 기대와 사랑의 마음을 담아
하나님께서 정성 다해
첫 사람 아담을 빚으며 하신 고백

만물을 다스릴 권세를 주셨나이다

아버지여,
귓가에 울리는 바람 소리에
아버지의 잔잔하신 음성이 담겨 있고,
바람결에서는 아버지의 숨결이 느껴지나이다.

바람의 흐름 속에도
우주 만물을 운행하시는 아버지의 뜻이 담겨 있으며
만물을 운용하시는 아버지의 손길이 느껴지나이다.

아버지께서 만물들 하나하나를 지으실 때에
정녕 그 마음을 그 안에 담으심으로 아버지를 나타내셨나이다.
산천초목의 호흡 속에서도 아버지의 숨결이 느껴지오며,
바람 소리 속에서도 아버지의 음성이 느껴지나이다.

아버지께서 천지 만물을 지으시는 모습을
눈으로 직접 보지 못했지만
전지전능하신 아버지께서 창조해 놓으신 만물 속에서
아버지의 따스한 손길을 느끼며 아버지의 위대하심을 느끼나이다.

아버지여,
아버지의 기쁨이 되며 아버지의 열매가 되게 하시려고
이 아들을 탄생시키셨나이다.

이 아들이 아버지의 사랑을 입고
아버지의 은택을 입어 만물 중에 높이 세워졌나니
아버지여, 이 아들의 입술을 통하여
찬양과 영광을 받으옵소서.

아버지께서 처음부터 이 모든 것을 지으시사
아버지의 사랑을 펼치시고
그 마음을 곳곳마다 담아 놓으셨나이다.
이 아들로 아버지의 위대하심을
찬양할 수 있게 지으셨나이다.

아버지여, 아버지의 능력으로
이 아들을 탄생시키셨고
만물을 다스릴 권세를 주셨나이다.

그리하여 이 아들이 많은 이들과 함께
아름다운 건조물을 세워 아버지를 기리며
이 아들에게 주신 권세를 기리나이다.

우주 만물 안에 나타내신
삼위일체 하나님의 위대하심과
아버지의 모든 마음을 실어
이곳에 지은 바 되었으니 아버지여, 받으시옵소서.

이 아름다운 건조물이
아버지의 마음에 위로가 되며
이를 지은 이 아들의 권세와 위엄도
높이 드리우나이다.

아버지께서 이 아들을 탄생시키셨고,
이것을 지을 수 있는 능력도 주셨음이나니
이것이 오직 아버지의 기쁨이 되며
아버지의 위로가 되기를 원하나이다.

아버지여,
아버지 앞에는 이것이 아주 작은 건조물에 불과하오나
이를 통해서 아버지의 이름이
더욱 영화롭게 되기를 원하나이다.

아버지께서 주신 그 권능을 이곳에 드러냄으로
만물이 아버지께서 탄생시킨
이 아들 앞에 무릎을 꿇나이다.
이 아들의 이름이 영화롭게 되나이다.

아버지여, 감사하나이다.
아버지여, 모든 영광 받으옵소서.
이 아들을 통하여 모든 영광을 받으옵소서.
아버지여, 기쁨과 위로가 되기를 원하나이다.

아버지께서 보시면 즐거워하시겠구나

어여쁘도다.
그 광채가 이 땅의 어느 것과도 비길 데가 없네.

웅장하도다.
그 위엄이 아버지의 위엄을 나타내는 듯하네.

아버지의 아름다움을 표현하듯
해가 비칠 때의 그 색상을
아버지께서 보시면 즐거워하시겠구나.

아무것도 없는 듯 고요한 이 땅에
이렇듯 아버지의 위엄을 나타내고 내가 있어
이곳을 관장하게 하신 아버지의 뜻이
비로소 오늘 빛을 발하네.

생령 아담이 삼위일체 하나님을 의미하는
세 개의 건축물을 완성한 후
하나님 앞에 올린 고백

내가 이처럼 어리석은 자였던가

이 어찌 된 일인가.
내가 왜 이런 모습이 되었는가.

내 맘대로 내 뜻대로 다 할 수 있으리라 생각했건만
내 모습이 처량하구나.

나를 호위하던 무리들도
내게 있던 아버지의 권세도
이제는 아무것도 내게 있지 않고
내겐 이 거친 땅이 무겁게만 느껴지는구나.

내가 왜 그랬단 말인가.
왜 아버지의 사랑을 저버렸단 말인가.
내가 이처럼 어리석은 자였던가.
난 이 거친 땅에서 어찌 살 것인가.

경계하고 경계하며 살리라

이처럼 낮고 초라한 모습으로 이 땅에 섰으니
얼마나 어리석고 어리석은 일인고.
앞으로 이곳에서 몇 날 며칠을 살며
얼마나 많은 날들을 세며 살아나가야 할까?
내 자신을 보니 심히도 초라하고 심히도 초라하구나.

둘째 하늘에 살 적에 이 첫째 하늘에 내려왔을 때와는
전혀 다른 처지가 되었도다.
이제 이곳에 와 보니 예전에 보았던 그 땅도, 그 환경도 아니요,
그때 보았던 짐승들도 아니로다.

이로 인해 심히 두렵고 떨리는 마음이나
내가 죄를 지어 이같이 정해졌으니
이곳에서 최선을 다해 살아야 하리라.

내 마음을 정리하고 하늘을 동경하며
아버지께서 주신 이 삶을 얼마나 살아야 할까?
나의 생명의 수(壽)가 다하는 날까지 그날을 세고 세어

내가 했던 모든 일들을 경계하고 경계하리로다.

나로 인해 이 땅에 된 일들을 인하여서
정녕 속죄하는 마음으로 지극히 민망하고 죄송한 마음으로
하루하루를 보내며 살아야지.
지금의 보이는 모든 것들이 적막하고 한없이 적막하구나.

하늘은 닿을 듯하나 닿지 않고 너무나 멀리 있고 멀리 있도다.
한탄스럽고 한탄스럽구나.
그러나 이처럼 아버지로부터
다시 새 삶을 얻었음을 다행으로 여겨야지.

새로운 삶이 두렵고 떨리지만
주어진 삶을 살 수밖에 없는 처지로다.
장차 내 생명의 날이 끝나는 날에는
아버지를 만날 수 있겠지.
그분을 다시 뵐 수 있겠지.

이 시간이 꿈만 같구나

'어찌 살 수 있을까.' 고민하던 때가
얼마 되지 않은 듯한데
이제 내가 가야 할 시간이 되었구나.

'어찌 살 수 있을까.' 막막하던 내게
아버지는 은혜를 부어 주셨구나.

그때도 그리하셨듯 아버지는
내게 살아갈 소망도 용기도 능력도 주셨네.

굶지 않고 먹을 수 있었고
사랑하는 가족들이 생겼고 눈물의 의미와
기쁨의 의미와 행복의 의미를 가질 수 있게 하셨으니
이 땅의 삶이 그다지 슬프고 고통스럽지만은 아니했네.

이제 내가 아버지께서 부르셔서
그곳으로 가게 되는 이 시간이 꿈만 같구나.

아버지께 다시금
나의 어리석음을 고백하고
나로 인해 아프셨던 그 마음을 사죄해야겠구나.
그리고 감사하단 말씀을 드려야겠네.

그분은 과연 어떤 분이실까?

지금까지 선조들로부터 받은
많은 가르침이 있었으되
내가 지금 홀로 있는 시간 속에서
나무들과 펼쳐져 있는 주변의 모든 것을 보며
다시 한 번 '정녕 이것은 누가 지으셨으며
이 광대한 것은 누가 만드셨을꼬?'라고 생각해 보는도다.

내 안에 계신 분,
이 아름다운 모든 것을 지으신 분,
내 할아버지의 할아버지, 그 할아버지의 할아버지를 지으신 그분.

끝도 없이 펼쳐진 모든 세계를 만드시고
우리 사람들을 생각하시고 사랑하신 바 되어
오늘날 이곳에 나를 있게 하신 아버지.
그분을 생각해 보는도다.

내가 홀로 있을 때
하늘을 바라보며 아버지의 얼굴을 그려 보고

땅을 밟아 편히 쉼을 얻을 때에도
아버지의 섭리하심과 광대하심을
느낌으로 인해 감동이 되는도다.

내가 이와 같이 입을 열어
조상으로부터 배운 모든 것 속에서
'아버지'라는 분을 느끼고 찬양하니 하루하루
그분을 더욱 사랑하게 되고
그분에 대한 그리움이 더해만 가는도다.

'그분은 어떤 분이실까?'를 생각하면 할수록
조상으로부터 배운 가르침보다도
그분에 대한 그리움이 더해지니
심히도 그리움이 사무치는도다.

그분의 얼굴은 어떻게 생기셨을까?
어떤 웃음을 짓고 계실까?
그분은 어떤 분이시기에 우리를 이곳에 보내사

이 땅의 숨결을 듣게 하시고
하늘과 하늘에 있는 별들을 느끼게 하실까?
호흡하는 공기 속에서도 그분의 숨결이 느껴지는데….

입술을 열어 그분을 찬양하게 하시고
입술을 열어 깨달은 바를 고백하게 하시는 나의 아버지,
그분은 어떤 분이실까?

저 넓고 넓은 곳에 계신 분을 내가 어찌 만나고
어떻게 내 마음에 새기며 살 수가 있을까?
정녕 사무치는 그리움으로
그리고 또 그려 보는 나의 아버지,
그분은 과연 어떤 분이실까?

풀 한 포기를 보면서도

아버지 지으신 이 모든 것이
아름답고 아름답나이다.

풀 하나에도
아버지 지으신 마음이 느껴지니이다.

아버지의 말씀이 내 안에 있어
늘 아버지와 대화함이 즐거우니이다.

때를 좇아 아버지 앞에 드려짐이
아버지 앞에 찬송함이 내게 기쁨이니이다.

사람들과의 만남과 대화보다
홀로 나와 아버지의 지으신 세계를 보며
고백함이 더 즐거우니이다.

아버지 계신 곳을 사모하나이다.

에녹이 하늘로 들림 받기 전,
선하고 아름다운 마음으로
풀 한 포기에도 하나님 사랑을 느끼며 올린 고백

이 아들이 제일로 기쁜 것은

아버지여,
이 아들을 그리도
사랑하셔서 이런 아름다운 곳에 들이시어
그 기쁨을 더하게 하시나이까.

아버지께서 내게 주신 사랑이
셀 수 없사온데
내게 이리도 드넓고 고운 곳을 주시나이까.

이 아들이 제일로 기쁜 것은
아버지 곁에 이 아들이
늘 있을 수 있다는 것이온데
그 위에 아버지의 사랑을 더하시나이까.

아버지여, 어찌하리이까?

아버지여,
지금의 지어지는 이 방주로 인하여
그날이 임박함을 느끼고 있으되
이 방주가 지어지는 것으로 인해
기쁨이 되어지는 것이 아니요
오히려 안타깝고 심히 안타까울 뿐이니이다.

내가 게을리하지 아니하였고
내가 때를 좇아 아버지 말씀에 의지하여
모든 것을 만들어 나갔으며
또한 내 모든 분야에 있어서 밤낮 충성하였으나
이렇게 하나가 지어지고 하나가 완성되면 될수록
그날이 임박함으로 인하여 안타까울 뿐이니이다.

저는 아버지의 주신 명령 가운데서
그 모든 것을 지키기 위해
명심하여 하나하나를 이루어 옴으로
날이 갈수록 방주의 모양이 드러나고

정확하게 준비되어 가는 만큼
세상의 사람들을 볼 때에
심히 안타깝고 안타까울 뿐이니이다.

이는 아버지의 마음을 제가 앎이나이다.
그들에게 전한다 할지라도 그들이 듣지 아니하며
그들에게 말한다 할지라도 듣지 못함이나이다.

귀가 있으되 듣지 못하고 눈이 있으되 보지 못하며
정녕 어디로 와서 어디로 가는지 알지 못하고
날을 보냄이나니 그것이 안타까울 뿐이옵니다.

이제 아버지의 명에 따라 이곳에
저와 저의 가족들이 들어가게 되어지고
아버지의 말씀하신 대로 정해진 것들이 들어가게 되어졌으되
'세상에 있는 저들은 어찌할까?' 생각할 때
그들에 대한 안타까움이 더욱 진해질 뿐이니이다.
그러나 이처럼 안타까워한들

어찌 아버지의 마음과 같을 수 있으며
아버지의 마음을 헤아릴 수가 있겠나이까?

저는 정녕 아버지의 말씀에 의지하여
나의 모든 것을 다 버릴 수가 있음이나니
아버지의 마음을 다 헤아리지 못하며 알지 못한다 할지라도
왜 아버지께서 방주를 내게 만들라 하셨고
내게 하나하나 이루시는지를 내가 느끼나이다.

그러나 저의 마음이 이토록 안타까운 것은
그날이 임박해 왔음을 느낌이나니
저들을 향한 저의 이 안타까운 마음을
아버지여, 이해하여 주소서.

아버지여, 어찌하리이까?
그들이 아버지를 알지 못하며
보아도 보지 못하며 들어도 듣지 못하고 있으며,
아버지의 계획하심 속에서

이처럼 모든 것이 드러나고 있는데도
저들이 느끼지 못하고 있으니
어찌 저들을 돌이킬 수가 있겠나이까.

아버지여,
그러나 이 아들은 아버지께서
명하시는 그날까지 최선을 다하리니
모든 것이 아버지의 뜻 가운데 이루어짐이니이다.

이 아들이 하나도 실수하지 아니하고
정확하게 이룰 수 있도록
늘 주관하시고 인도하여 주소서.

내 아버지께 감사를 드리나이다

나의 아버지, 나의 아버지,
나의 모든 삶을 인도하신 나의 아버지,
내가 사는 모든 날을 아버지의 인도함을 받았고
아버지의 사랑 가운데 있었나이다.

나의 아버지, 나의 아버지,
내가 아버지의 뜻대로만
살아가게 하심에 감사드립니다.

믿음의 눈으로, 순종의 마음으로,
내 삶을 영광스럽게 인도하신
내 아버지께 감사를 드리나이다.

아버지께서 원하실 때에
그것이 무엇인지 알게 하사 순종하게 하셨고
흠이 없게 인도하심에 감사를 드립니다.

아브라함이 하나님의 사람들을 공궤하고(창 18장)
세월이 지난 후
아버지 하나님께 드린 감사의 고백

아버지, 크게 영광을 받으소서!

내가 이와 같이 살아 숨 쉬는 동안
아버지 하나님의 섭리와
뜻 가운데 인도하셨고 내가 죽음을 앞두며
모든 것을 정리함에 있어서
내 마음을 주관하시고 내 마음에 행복을 느끼게 하시며
내 마음에 기쁨과 감사함으로
이 길을 맞이하게 하시는
아버지 앞에 감사와 영광을 돌리나이다.

오늘날까지 내가 이와 같은 복을 받으며 살아 온 것도
아버지께서 나를 사랑하시며 나를 인도하셨음이나니
내가 그 사랑 가운데 거하는 자로서
너무나 충만하였고 부족함이 없었나이다.

이제 죽음을 눈앞에 보는 이 시점에 있어서까지도
나를 주관하시고 나를 그 품에 안으시니
감사와 영광을 드리나이다.

내가 아버지 보시기에
온전한 믿음을 내보인다 하였으되
어떤 때에는 생각이 동원될 때도 있었으나
아버지께서 나를 사랑하시므로 모든 길을 여셨고
모든 길로 인도하시며 하나하나 다듬어 주셨나이다.

나를 다듬어 온전케 하시는 아버지 앞에
내 마음 깊이 감사가 쌓이게 하심으로
모든 것을 볼 때에 그것을
나의 현실의 눈으로 보게 되는 것이 아니요
아버지의 마음으로 보게 되는
그와 같은 마음으로 나를 인도하셨음에 감사를 드리나이다.

그럼으로 인하여서 오늘날 이와 같은 부와
이와 같은 명예와 이와 같은 명성과
이와 같은 아버지의 영광이 내게 있으므로
많은 이들에게 칭송을 얻으며
내 자식으로 인하여서 기쁨이 되어지니 감사를 드리나이다.

내가 살아 생전에 정녕 아픈 곳이 없었고
내 살아 생전에 어떤 어려움도 없었으며
이와 같이 몸으로도 어떤 것으로도
힘듦이나 고통의 상황이 없었음으로 인하여서도
감사를 드리거니와 이제 숨을 거둔 연후에
아버지 품에 안기게 되어지는
하나님의 섭리를 바라보게 하심에도 감사를 드리나이다.

아버지시여,
내가 죽음을 앞두고 이와 같은 감사와 기쁨과
희열이 넘치게 하심에 감사를 드리나이다.

이제 이후로 모든 것이 아버지의 섭리 가운데 있사오매
내가 육의 모든 것을 놓는다 할지라도
앞으로의 계획하신 모든 일들이
아버지 섭리 가운데 온전히 이루어지게 될 것과
아들을 통한 섭리를 온전히 이루실 것을 믿나이다.

아버지, 감사를 드리나이다.
내가 이와 같이 아버지 앞에 평안하게
안기게 하심에 감사를 드리나이다.

이 땅의 삶이 너무나 덧없는 것이로되
아버지께서 내게는 그 삶을 덧없게 하신 것이 아니요,
너무나 귀하고 값진 것으로 있게 하심으로
이제 죽음을 맞이할 때
이와 같은 기쁨과 감사함과 희열이 넘치는 가운데
아버지 품에 안기게 하시니 감사를 드리나이다.

모든 것이 아버지 손에 있사오며
모든 것들로 인하여서
아버지, 크게 영광을 받으소서.

믿음의 조상 아브라함이
사명을 온전히 마치고 죽음을 맞기 전
잠시 후 뵈올 아버지 하나님을 생각하며 올린 감사의 고백

내게 주신 은혜와 축복

나의 하나님이시여,
나의 모든 삶에 있어서 내 생각대로,
내가 살고자 함대로 또한 내가 원함대로,
내가 갖고자 함대로 내가 취하고자 함대로,
내가 이 모든 것을 이루기를 원하였으되

결국에는 그것이 아님을 느꼈고 깨우쳤으며
정녕 나의 모든 생각과 나의 모든 마음에 있는 바
욕심과 취하고자 하는 모든 마음들이
하나님 앞에 숨김이 없이 드러남으로 인하여서
깨끗함으로 나올 수가 있었고
그 마음들을 정리할 수가 있었으며
무엇이 하나님의 뜻이요, 참된 것인지를 알게 되었나이다.

그러나 이와 같이 내 삶을 삶에 있어서
한 순간 한 순간 모든 것이 후회 없이 살았던 것은 아니었으되,
하나님의 소중한 간섭 속에
저를 이와 같이 변화시켜 주셨고 인도하셨으며

이제 이와 같이 많은 자손들을 이루게 함으로
그 자손들에게 하나님의 축복이 가게 하심에 감사를 드리나이다.
모두가 하나님의 구원 섭리 속에 있기를 원함이며
정녕 하나님의 뜻 속에서
온전한 그 길을 가기를 원함이나이다.

정녕 제가 어리석을 때에
아버지의 뜻을 거스리고자 함이 있었고
내 생각대로 이루고자 함이 있었고
내 지혜를 동원하여 이루고자 함이 있었으되
그러나 그 모든 것이 결국에는 아무것도 아님을 깨우쳤나이다.

내 하나님이시여,
정녕 내가 이와 같은 연단의 길 속에서 하나님을 만나며
하나님에 대해 진정 마음에 심게 됨과 같이,
저로부터 인하여서 나온 모든 자들도
하나님의 그 마음을 명심하며 기억하고
하나님의 일들을 이루어 나갈 수 있는 자가 되어지기를 원하나이다.

인생의 모든 삶에 있어서 폭발적인 삶과
모든 고난, 어려운 역경이 있었다 할지라도
내게 주신 은혜와 내게 주신 축복이
심히도 큼이나니 아버지여, 감사를 드리나이다.

정녕 나의 하나님,
또한 내 아버지의 하나님, 또 내 할아버지의 하나님,
내 사랑의 하나님, 저를 이와 같이 변화시켜 주시고
하나님 곁에 있게 하심에 감사드리나이다.

이제 저를 받아 주시되 내 하나님이시여,
하나님께서 계신 곳에 정녕 내가 있게 함으로
내 마음을 편안하게 하시며
이제 남은 자로 더불어 하나님의 뜻과 섭리를 이루시되
하나님의 약속하신 바를 온전히 이루실 줄 믿나이다.

저를 사랑하시어서
그 은혜 가운데 있게 하심에 감사드리나이다.

이제는 눈물도, 마음의 아픔도, 슬픔도,
사랑하는 이에 대한 이별도,
또한 내 마음에 묻었던 모든 것들도
하나님 안에서 온전한 편안함으로 임하여짐으로 인하여서
하나님 앞에 감사를 드리나이다.

이제 저의 이 모든 것을 인하여서
눈을 감는 순간까지라도
하나님의 섭리 가운데 모든 것을 보게 하시고
이루게 하심에 감사하나이다.

나의 하나님이시여,
진정 저를 사랑하시어서 그 길을 인도하시고
오늘에 이르기까지 영화와 행복을 누리게 하심에
감사를 드리며 하나님의 은혜 가운데
내가 있게 하심에 감사드리나이다.

이스라엘의 조상 야곱이 임종을 앞두고
자신을 변화시켜 주신
하나님의 은혜에 감사하여 드린 고백

하나님의 섭리를 이룰 줄 믿나이다

나의 사랑하는 하나님이시여,
나의 철없던 시절에 나를 보심으로 정녕 하나님 안에서 이와 같이
나를 인도하시고 진리로 온전히 이끌어 주신
나의 하나님이시여, 감사를 드리나이다.

내 삶에 있어서 모든 것이 항상 평안하였고
모든 것이 형통함은 아버지의 은혜요,
미천한 자를 생각하시어서 정녕 온전한 자에 이르기까지 이끄셨고
많은 자들이 여호와 하나님의 이름에 무릎을 꿇게 하셨으며
결국에는 하나님의 섭리를 이루게 하시니 감사를 드리나이다.

나의 모든 삶 속에서 적다 함도 아니요 또한 부족하다 함도 아니요,
모든 것에 넘쳐났고 항상 하나님의 은혜가 넘쳐났으며
하나님께서 주시는 축복과 은혜가
심히도 큼으로 인하여서 감사를 드리나이다.

이제 이와 같이 눈을 감으오나
남은 모든 것들을 인하여서 하나님의 뜻과 섭리를 이루시며,

정녕 하나님의 은혜를 잊지 아니하도록
모든 이들에게 항상 은혜의 광선을 비추사
많은 이들에게 그 은혜를 잊지 아니하는 그와 같은 마음에
깨우침이 되게 하시며 그 길을 인도하소서.

하나님께서 계심으로 인하여서 제가 있었고
하나님의 은혜와 은택 가운데서 이와 같이 영광을 드리우며
정녕 많은 이들에게 하나님을 알리게 하심에 감사드리나이다.

하나님의 사랑이 내게 너무나 넘쳐났고
하나님의 기뻐하신 증거가 저를 통해 너무나 많이 넘쳐났나이다.
저를 통하여서 심히 큰 열매를 거두시며
정녕 많은 것들을 인하여서 기뻐하시고 이루게 하심에 감사드리나이다.

정녕 저는 아무것도 아닌 자였고 아무것도 있을 수 없는 자였으되,
그러나 저를 생각하시며 사랑하사 그 길을 인도하시고
이와 같이 많은 수(壽)를 누리게 하시며 축복을 받아
많은 것들의 형통함 속에서

이 땅의 삶을 마무리하게 하시니 감사드리나이다.

이제 이후에 있을 모든 일들도
하나님의 섭리와 뜻 가운데 이룰 줄 믿사오니
하나님의 은혜가 이곳을 인하여서 넘치게 하시며
하나님의 백성들을 인하여서 그 은혜가 그치지 아니하게 하소서.

감사드리나이다.
나를 사랑하심에 감사드리나이다.
내게 은혜를 주시니 감사드리나이다.
내가 이와 같은 모든 영광 중에 있게 하시니 감사드리나이다.
그 영광 중에 이자가 눈을 감게 하심에 또한 감사드리나이다.

모든 것을 하나님께 맡기며
이와 같이 평안히 그 앞에 안기오니
하나님의 아들, 곧 사랑하시고 기뻐하시는 이 아들을
아버지 품에 안으사 기뻐하소서.

나를 친히 부르신 하나님

하늘에 계신 분이시여,
하나님이시여,

내가 어리석어서
하나님에 대해 깨우치지 못했으나
이제는 정녕 지는 해를 보고도
그곳에 전지전능하신 하나님이 계심을 믿나이다.

내가 취하고자 해도 취하여지지 않고
갖고자 해도 가질 수 없는,
이같이 나는 아무것도 아니요, 허무한 자이되
나를 사랑하시어 나를 친히 부르시는
하나님이 계심을 내 마음속에서 믿나이다.

모세가 애굽 공주의 아들로 살다가
왕궁을 떠나 40년 광야 생활을 하면서
살아 계신 하나님에 대해 깨우치고 올린 고백

내게는 너무나 소중하나이다

내 아버지여,
아버지에 대한 사랑과 그리움이
날로 더하나이다.

앞에 놓여 있는 그 어떤 것도
아버지의 손길을 막을 수 없으며
그때마다 더해가는 아버지에 대한
이자의 사랑도 막을 수 없나이다.

한 영혼, 한 영혼이
아버지의 손에 붙들려 있기를 원하며
그 입술로 그 손에 범죄치 아니하며
아버지 원하는 백성들로 나오기를 원하나이다.

아버지께서 지으시고 만드셨으니
그 한 영혼, 한 영혼이 내게는 너무나 소중하나이다.
저들이 아버지의 은혜를 잊지 않게 하시고
그들의 입술을 지키사 범죄치 않게 하소서.

저들의 믿음이 연약함으로
아버지를 진노케 하지 않게 하시고
은혜를 더하사 아버지의 기뻐하심이 되게 하소서.

오직 이자는 아버지의 것이니이다.

아버지여,
아버지께서 축복해 주신 땅은
참으로 기름지고 아름다운 땅이니이다.

비록 가까이에서 볼 수는 없사오나
아버지의 마음이 느껴지는 좋은 곳이니이다.

이들을 이끌어 숱한 세월을 보내오며
아버지께서 함께해 주셨던 날들이 떠오르나이다.
참으로 많은 일을 행하시며 참으시며 이끌어 오셨나이다.

아버지께서 주신 사명을
처음 행할 때에 나의 모습은
참으로 부족한 자이었나이다.

지금도 내 모습이 아버지 앞에는
한없이 작은 자이오나 이제 내 때가 다 되어
훗날을 부탁드리는 자가 되었나이다.

아버지의 위엄이
주변에 알려진 아버지의 위엄이
그 쌓아 오신 위엄이
더 크게 이들과 지속되어지길 원하나이다.

이들에게 마지막 줄 수 있는 이 간구 속에
아버지께서 그 마음을 담으사
제게 하셨듯 이들에게도
아버지의 은혜가 넘치길 원하나이다.

이 일을 시작하려네

시작하려네….
내 아들의 눈물이
아들에게 귀하게 되기 위해
나의 사랑을 보여 달라 아우성치는 악한 세대에
나의 마음 깊은 곳을 아는 내 아들에게
난 모질게 이 일을 시작하려네.

나의 이 마음이 결국
내 사랑하는 아들로 인해
그 깊이 있는 사랑임을 알도록 이끌 것임을 알기에
난 이 일을 시작하려네.

나 만군의 여호와가
아들의 아버지로 이루어지기까지
이 일을 멈추지 않으려네.

사랑하는 아들을 통해 수많은 사람을
참 자녀로 만들기 위한 일을 시작하고자 하시는
아버지 하나님의 마음이 담긴 고백

그 눈물을 보았는가

그 눈물을 보았는가…
주체할 수 없이 흘리는 그 눈물을….

내가 눈으로 내 아들의 얼굴을 본다는 것이 고통임을,
이것이 이들에게 주어진 은혜임을,
내 아들이 그것을 알기에 아무 말 없이
감사로 가는 그 모습이 내겐 더 없는 고통이구나.

인생들의 악이 나를 알지 못하게 되었어도
나는 그들이 나를 알게 하기 위해
나의 사랑하는 아들에게 큰 짐을 지웠으나
결국 그 열매가 나의 또 내 사랑의 아들의 눈물의 대가.

조금만 더, 조금만 더…
앞을 향하여, 앞을 향하여…
내 마음 깊이 내 아들을 향해 난 이처럼 외치고 있다네.

마지막 때의 섭리를 이루기 위해 사랑하는 아들이
애통의 눈물로 기도하는 모습을 바라보며
응원하시는 아버지 하나님의 고백

천국에 들이기를 원하시는 아버지

내가 너희를 사랑하여
이 제단을 세웠고
때에 따라 너희들이 알 수 없는
많은 사랑의 길을 제시하였고,

네 목자를 주어 나를 보듯
너희를 이끌어 온 아버지의 마음을 안다면
너희들이 숨 쉬며 들을 수 있으며
아뢸 수 있다는 것이 얼마나 큰 은혜인지 알 것이라.

나는 너희들의 생각보다도
크고 넓으며 사랑이 많으신 분이라.

내가 준비한 이곳에
누구든지 들어오기를 원하며
그런 자격을 갖추기를 늘 돕는 어여쁜 분이시라.
나는 너희들을 버리기를 원치 아니하시며
구원에 이르기를 원하는 너희들의 아버지라.

아버지라 부를 수 있게 하심도 나였고
구원을 두신 이도 나였고
천국에 들이실 이도 나요
너희들의 목자를 준 이도 나로다.

나의 사랑의 기회를 잡으며
너희들이 목자의 영광의 열매로
나와지기를 원하노라.

내가 준비한 이곳

인간 경작이란 위대한 계획이
내 마음에 가득히 있거늘
이를 위한 나의 사랑이 그 희생으로 나타나는도다.

누가 나를 알 수 있으리…
내 사랑의 마음을
내 계획이 너무나 커서
나의 근본의 마음을 알지 못하면
이 큰 희생에 순종이 되지 못하리….

내 아들들…
이들을 위한 나의 사랑의 희생을 이들이 알아주기를….
나의 마음의 아픔을
나의 마음의 선을
나의 마음의 사랑을….

나의 사랑의 마음이 눈물이 되어
나의 이 큰 계획의 열매가 온전히 맺혀지리.

나의 백성…
나의 자녀들…
나의 이름이 이 땅에서 아름답게 빛나길….

내가 준비한 이곳, 나의 영광이 빛나리.

나는 여호와 하나님,
인생들을 사랑하여 모든 것을 내어준
너희들의 아버지라네.

2장
나의 신랑 되신 주님

아버지, 잠시만 기다리소서

아버지의 뜻,
그 사랑의 마음….
내게 있어 아버지를 떠난다는 것은
내겐 참을 수 없는 슬픔….

그러나 그 또한도
내가 아버지를 사랑하는 마음의 표현이니
잠시의 일일 뿐….

이곳의 아름다움이 그 땅과 비교되지 않듯
나의 이 사랑의 마음이
그들에게 셀 수 없는,
헤아릴 수 없는 분량일 터….

나를 보내신 아버지의 마음
그 크신 나의 아버지의 그 사랑
그 사랑이 그들의 눈앞에 보여지는 그날…
그것이 아버지가 나를 보내시는 이유….

아버지와 함께
다시 이 길을 걷는 그날까지
얼마간의 세월이 내게는
참으로 커다란 기다림이 되겠구나.

아버지,
준비가 다 되었습니다.
잘 다녀오겠으니 잠시만 기다리소서.
아버지의 사랑이 아름답게 빛나리이다.

67

아버지, 보고 계시나이까

아무도 없는 듯
막막한 듯 이곳은 조용하기만 하네.

보이는 것들은
내 눈에 보이는 것들은 척박한 이 땅의 모습.
그러나 내 마음에 넘치는 사랑.

이곳에서도
아버지의 사랑이 내 마음에 가득하니
환경은 다르나 내 마음은 똑같네.

아버지, 보시고 계시나이까?
이곳을….
이 아들은 아버지의 눈으로
이곳을 보나이다.

아버지께서 어떻게 이 땅을 지으셨는지,
인생을 얼마나 사랑하시는지

이 아들은 잘 아나이다.
지금이라도 아버지 곁에 머무르고 싶은 마음 간절하나
인생을 향한 아버지의 사랑, 이 아들의 사랑이
이곳은 절실히 필요함을….

아버지!
배고픔이란 것, 고달픔이란 것,
전혀 다른 공간에서 느끼는 이 고단함이
내 모습을 육의 사람들과 같이 보이게 하나
이 아들의 마음은 아버지의 공간이나이다.

내 눈에 보이는 이 환경, 아버지 보시나이까?
이제 이 모든 것을 이루리이다.

사단 앞에 나를 세우심을 보나이다

아버지여,
이 아들이 이 공간이 어떠함을
철저히 느끼나이다.

보여지는 것들과
몸으로 느껴지는 이 모든 것들,
이 아들이 머무르는 이 공간,

육의 공간의 한계와
몸을 입음으로 느껴지는 이 모든 것,
그 전에는 느껴보지 못함이니이다.

내가 아버지께
왜 이곳으로 보내심을 받았는지
이제야 깊이 느끼나이다.

내게 주신 것은 너무나 많으나
이 많은 것들을 어떻게 써야 하는지

어떻게 이루어야 하는지
내게 알려 주심에 감사하나이다.

오늘 내게 이런 공간을
철저히 느끼게 하시고 사단 앞에
나를 세우심을 보나이다.

아무것도 아닌 저들 앞에
나를 세우신
아버지의 공간을 느끼나이다.

예수님께서 공생애 사역을 앞두고
성령에 이끌리어 광야로 가서 사십 일을 밤낮으로 금식하실 때
육의 공간을 체험하며 아버지 하나님께 올린 고백

주의 길을 예비하는 자

아버지여,
이자를 사랑하사
오신 내 주를 맞이하게 하시며
그분을 뵈옵고 이 생을 마치게 하시니
감사하나이다.

부족한 자를 사랑하시어
너무도 귀한 사명을 내게 주사
아버지의 귀한 아들을 맞이하게 하시며
그 길을 예비하게 하시는 은혜를
이자에게 주심에 감사하나이다.

평범한 자로 태어나
위대한 아버지의 사역자로
아버지의 영광을 드러나게 하셨고
그 누구도 감당할 수 없는 구주를 영접하게 하시며
내게 비교할 수 없는 큰 상급으로
아버지의 사랑을 받게 하심이니이다.

사모하여 가질 수 있는 것이 아니온데
이자의 생명을 아버지께 맡기오며
모든 것을 마무리할 수 있음에
기쁨으로 가나이다.

이제 아버지 품 안에
평안히 안기고자 하나이다.

아버지여, 감사하나이다

아버지여,
이 한 시간에는 눈물을 흘리며
아버지 앞에 이 아들이 감사하옵기는
이 세상에는 나를 버릴 자가 있사오나
아버지여, 나를 위해서 전할 자도 있음이니이다.

나와 함께 고난당할 자도 있사옵고
나로 말미암아 아버지께 영광 돌릴 자도 있나이다.

아버지여, 이 아들이
혼자 고통을 당치 아니하고 아버지께서 함께하시며,
이 아들이 인생들을 위해서, 아버지를 위해서
내 몸을 드림이 고난스럽다 할지라도

내가 감사하옵는 것은
나를 아는 자가 있음이니이다.
내가 아버지를 아는 것같이
나를 아는 자도 있나이다.

아버지여, 감사하나이다.
아버지여, 감사하나이다.

내가 만세 전부터
아버지와 함께하였고
그 영화로운 아버지의 품속에 거하였으나
아버지께서 인생들을 위해서 나를 보내셨고,
이 아들이 지금은 이처럼 추위와 배고픔과
많은 고난 중에 있는 것을 아버지는 아시나이다.

그리하여 아버지여, 이 시간에
이 아들이 아버지를 위해서, 인생들을 위해서
이같이 사랑의 눈물을 흘리게 해 주시니
감사하나이다.

종일 천국 복음을 전하시고
밤이면 습관을 좇아 기도하시던 예수님께서
어느 비가 내리는 추운 밤에 뜨거운 눈물을 흘리며 올리신 기도

그리운 내 아버지께로

아바 아버지,
그립고 그리운 내 아버지,

오늘의 이 새벽공기가
마치 아버지의 소리처럼 가슴 깊이
그리움으로 스며드니이다.

찰싹거리는 물결 소리가
내 귀를 시원케 함이
잠시의 쉼으로 다가오니이다.

이 시간 아버지를 생각하는 것만으로도
마음이 좋사오니 입가에 미소가 지어지니이다.

아버지, 오늘은 이곳저곳을 가나이다.
많은 이들이 기다리는 곳으로….
그래도 내 곁에 아버지의 사람들을 주사
그들이 나를 도우니 힘이 되나이다.

사랑하는 아바 아버지,
아버지…
아버지…
그리운 아버지….

오늘이 지나가면
또 하루 아버지의 일이 이뤄지고
아버지를 뵙는 날이 다가옴이니
그리운 내 아버지께로 오늘도 나아가나이다.

갈릴리 바닷가를 보고 있노라면

아버지여,
조용해진 갈릴리의 적막이
가슴 깊이 스며드니이다.

이 땅의 인생들의 삶이라는 것이
참으로 험난하게 보이나이다.

아버지 주신 아름다움의 마음이
가득 있으면 좋으련만….

아버지여, 그래도
이곳 갈릴리의 바닷가에 앉아
아버지를 생각하면
이 바닷가의 적막함이 참으로 좋나이다.

잔잔한 이 물가의 고요한 소리가
아버지의 어루만짐으로 느껴지나이다.

아버지,
제가 떠난 후에
이 땅에 많은 일들이 일어나겠지만
모든 것이 아버지의 사랑임을 느끼는
인생들로 많이 나오길 원하나이다.

아버지여,
소리가 들리나이다.
아버지의 사랑하는 자의 소리가….
애타게 아버지께 부르짖는 소리가
이 땅의 영혼들에 대한
부르짖는 소리가
이 아들의 귓가에 들리나이다.

이곳 갈릴리 바닷가를 보고 있노라면
마치 하늘의 잔잔한 바닷가에 앉아 있는 듯
마음이 편하나이다.

아무 인기척도 없이 조용한 이곳에서
아버지와의 대화가
내 마음에 감동이 되고
이 땅을 사랑할 수밖에 없는
아버지의 크신 마음이 되나이다.

내가 사랑하는 이들도
이 땅에 남겨두매
아버지의 바라보심이
그들과 늘 함께하시길 원하나이다.

고요한 적막,
잔잔한 물결 소리,
사랑하는 이들의 얼굴,
나를 이곳에 보내신 아버지의 마음이
깊이 느껴지니이다.

아버지의 사랑과 천국이 있거늘

휴, 인생들의 어리석음이여.
어찌 아버지의 마음을 이리도 모른단 말인가.

앞에 보이는 것이 전부가 아니거늘 어디까지 떨어지려는가.
아버지의 사랑과 천국이 있거늘 어디까지 가려는가.

내 마음이 이리도 아프거늘 아버지의 마음이야….
저들이 내 마음을 조금이라도 안다면,
저들에게 배푼 권능이 적은 것이 아니건만 어리석음이여.

외치고 외치고 외치는
내 이 마음을 새기길 바라네.
오늘도 이들의 어리석음에 마음이 무겁네.

휴, 아버지, 내 아버지….
오늘도 아버지를 그리며 이 아들은 하늘을 보나이다.

이들을 붙들어 주소서

아바 아버지여,
아버지 뜻이 있어 이 아들을 이곳에 보내셨고
이제 섭리하신 때가 다 되었나이다.

아버지의 섭리를 이루기 위해서
제자들과 함께했던 날들을 생각해 보나이다.
곳곳을 두루 다니며 복음을 전파하고
아버지의 뜻을 선포했나이다.

그러나 내가 간 후에 이뤄질 일들로 인해 고민이 되나이다.
이 모든 것이 고민이 되고 번민이 되므로
이같이 기도하는 아들의 마음을
아버지 받으시기를 원하나이다.

정녕 십자가를 지는 것이
이 아들에게 얼마나 큰 영광임을 아나이다.
많은 이들에게 얼마나 큰 사랑의 힘으로
작용할지도 잘 알고 있나이다.

정녕 그러하나
이 육의 공간에서 인생들과 더불어
아버지 뜻을 이루었던 생활이
이 아들에게는 눈물이 되나이다.

아버지여,
연약한 제자들에게 힘을 주시고
아버지께서 이끌어 가심을 믿사오되
이 아들이 떠난 후에
이들에게 임할 은혜도 있는 것을 알고 있사오되

아버지의 영광을 위해
이 아들이 십자가 처형을 받는 것은
당연한 일임이로되
이 공생애 기간 속에 있었던
모든 일들이 번민으로 다가오며
마음 가득히 담겨지는 이유는 무엇이니이까.

이 땅에 직접 내려와 느끼는 이 마음은
천상에서 이 아들이 품었던 마음과는
차이가 있음을 깨우치나이다.
여러 가지가 번민이 되며 고민이 되나이다.

아버지여,
이들을 붙들어 주옵소서.
아버지 섭리하신 모든 일들이
아버지 안에서 온전히 이뤄지게 하옵소서.

이제 이후에 이 아들을 통해
이루실 이 모든 역사로 인해서도
크게 영광을 받으소서.

아버지의 궁휼이 있기를

심히 울며 통곡하는 저 아들에게
아버지의 궁휼이 있기를 원하나이다.

그 마음의 심한 깨우침이
그 아들의 길로 갈 것이니 감사하나이다.

"사단아, 내 뒤로 물러가라!" 할 때에
그 아들이 내게 서운타 아니하고
그 뜻을 마음에 새기고자 하였으니
아버지여, 기억하소서.

태어나지 않았더라면

저자가 행하는 이 엄청난 일이
견딜 수 없음이 되리니
저가 태어나지 아니하였더라면….

그의 마지막 모습이
가슴을 에이는구나.

잊지 않게 하소서

내 때가 다 되었음은
아버지를 뵈올 날이 가까움이며
이들을 두고 간다는 것이니
부탁하고 또 부탁한
내 말을 이들이 기억하여 새기기를….

내 마음의 염려로 아버지께 이들을 맡기오니
한결 마음이 편하나이다.
그러나 이들이 또 겪어야 할 이 많은 것들….

아버지여,
내가 간 후에 이들의 슬픔을
이 아들이 아오니 눈물이 흐르나이다.

내가 사랑하는 이들,
나와 함께한 세월들과 깨달음 잊지 않게 하소서.
이들을 향한 내 간절한 마음을,
이 사랑을 잊지 않게 하소서.

섭리를 이룰 시간이…

아버지,
나를 처음 보내신 그날을 기억하나이다.

아버지와의 이별, 곧 내 사역의 시작,
그날이 있었나이다.

그로부터 이 아들은
여러 해 동안 아버지의 마음을
이 땅의 영혼들에게 보여 왔나이다.

때론 눈에 눈물이 흘렀고
때론 입가에 웃음이 지어졌고
때론 아버지 생각에 젖어 있기도 했었나이다.

아버지의 섭리 속에 만날 이들을 만나게 하셨고,
허락하신 일들을 행했으며,
주신 날 속에서 아버지의 뜻을
이루어 드리고자 마음을 다하였나이다.

이제 아버지의 아름다우신 섭리를
이룰 시간이 다가오나이다.

이들과 함께했던 이곳의 모든 일들과
나로 인해 슬퍼할 자들과
내가 달린 모습을 인하여 아파하실
아버지의 생각에 몸부림치나이다.

아버지여, 곧 뵈오니
내 영광이 크오니 아파하지 마옵소서.

내가 두고 갈 이들을 생각하사
저들에게 베푸실 아버지의 사랑이
내게 위로가 되나이다.

내 아버지여.

사랑을 알 때가 올 것이니

사랑하는 아버지,
내 때가 되어
아버지의 뜻대로
일이 이루어져 가나이다.

인생이 어리석고 무지하오나
아버지로부터 지은 바 된 그들 마음에
이 아버지의 크신 사랑을 알 때가 올 것이니
슬퍼 마소서.

내 사랑하는 이들을
아버지께 또 부탁하나이다.

한 자는 나를 사랑하되
아직 깨우침이 부족하고
한 자는 마음이 여려 눈물이 많고
또 한 자는 믿음이 연약하여 여러 생각이 있고
또 한 자는 중심이 곧아 꺾어지기 쉽고….

그들이 나를 사랑하여
각기 자기의 가야 할 바 어떤 이는
순교의 길로, 기쁨의 길로
아버지의 원하시는 길로 갈 것이니이다.

아버지여,
아버지께서 보내실 이를 통해
아버지 뜻 이루시리이다.

나를 사랑하여
눈물로 그 삶을 살아갈 이도 있사오니
기억하소서.

가슴 깊이 새겨지는 사랑

이 길을 걸어가나이다.
주변에 많은 영혼들이
나를 향해 하는 말들조차 들리지 않는데
왜 이리 저 여인들의 울음소리는
내 귓가에 생생히 전달이 되는 것인지

지금의 슬픔은 곧 영광이 되리니
저 눈물이 헛되지 않으며
그 눈물을 아버지께서 갚아 주리니

나를 위해 흘리는 눈물은 사랑의 눈물이고
나를 위해 슬퍼하는 그 슬픔이
나를 위해 울부짖는 저 괴로움이
오히려 내게는 가슴 깊이 새겨지는 사랑이구나.

내려치는 채찍도,
팔이 있음을 느끼질 못할 만큼의 무거운 십자가도
이제 이 땅을 떠나야 하는 증거가 되는구나.

아버지, 내 아버지,
능히 감당하고 있사오니
미안해하지 마옵시고 슬퍼하지 마옵소서.

이 아들이 아버지를 뵈러 가오니
영광 중의 영광이 되나이다.

예수님께서 나무 십자가를 지고 골고다 언덕을 오르실 때
심한 채찍질에 피를 많이 흘리시면서도
아버지 하나님과 영혼들을 생각하며 올린 고백

마음에 흐르는 회고

아버지여, 내 아버지여,
정녕 이와 같이 모든 것을 사랑하시고
그 빛 가운데 온전하신 내 아버지시여,
정녕 아버지와 함께 처음으로 이곳을 밟았을 때의 그 땅과
정녕 처음에 만들었을 때의 그 사람들의 모양이
많이 바뀌었나이다.

아버지여,
내가 이 땅을 밟으매
아버지와 처음에 이곳에 내려와 밟았던
그 땅의 의미와는 너무나 달라져 있었고
정녕 아버지께서 처음 지으실 때
그 사람의 마음과는 너무나 달라져 있었나이다.

아버지여,
내가 지금의 이와 같이 변질된 땅을 밟나이다.
아버지여, 내가 이와 같이 변질된 땅을 밟고
저와 같이 변질된 사람들의 마음을 읽나이다.

그러나 아버지여,
왜 나를 이곳에 보내셨으며 왜 이처럼
변질된 사람의 마음으로부터 오는 이 고난을 받게 하시고,
왜 나로 하여금 영화스러운 자리에서 이곳에 내려와
이 모든 과정들을 내게 있게 하사
왜 마음속에 구구절절이 이 많은 것들을 깨우치게 하시고
느끼게 하시며 알게 하시는지를 알았나이다.

아버지여,
나는 두려움이 없고 두려움이 없사오나
아버지여, 이와 같이 처음에 아버지와 함께했던
그 땅의 의미가 이와 같이 변질됨을 정녕 마음 아파하나이다.

아버지여,
또한 이와 같이 사람들의
변질된 마음으로 인해 마음을 아파하나이다.
그러나 아버지여, 아버지의 공의와 감추어진 비밀 가운데서
이 모든 것들을 회복시킬 줄 아나이다.

아버지,
이것은 잠시 잠깐의 일들이오되
이 일이 끝난 후에 아버지께서 주시는 큰 영광과
또한 이들에게 열어 주신 그 빛의 길들로 인하여서
아버지여, 희망과 소망과 기쁨을 가지고
이처럼 십자가를 지나이다.

아버지여,
내게 지워진 십자가가 무거운 것이 아니요
가시 면류관이 아픈 것이 아니라
아버지와 함께 처음으로 이 땅을 밟았을 때와
이 땅이 변질됨과 사람의 마음의 변질됨이
내 마음을 억누르고 무겁게 하나이다.

그러나 이제 잠시 후에 있을 이 일들이 끝난 후에는
아버지의 허락하심 속에 그 사랑 가운데 이 길을 여시고
빛을 여사 아들에게 그 아름다운 빛으로
조명해 주실 줄 믿기에 나는 능히 갈 수가 있나이다.

아버지여,
내가 밟았던 땅은 황금이요,
내가 정녕 걸었던 길도 황금이요,
내가 맡았던 꽃들의 향은 이 땅의 꽃과는 비교할 수 없었고
내가 입었던 옷은 정녕 이것들과는 질감이 다르오며
내가 살았던 곳은 정녕 영화로운 곳이온데
이들이 이와 같이 아름답고
이와 같이 평안한 곳을 알기를 원하나이다.

아버지여,
섭리하심을 마음 깊이 절절히 깨달았나이다.
왜 나를 분리하셨고 또한 내게 이 사명을 주셨으며
왜 이곳에 내려와 이처럼 변질된 토지를 밟으며
변질된 사람의 마음을 읽을 수밖에 없게 하셨는지
또한 아버지의 그 사랑과 아버지의 광대하심과
아버지의 조금의 오차도 없이
이 모든 일들에 대해 아버지께 찬송하나이다.

아버지여,
내게 얼굴을 돌리지 마소서.
내가 이와 같은 것을 짊어짐으로 인하여서
심히 아버지 앞에 민망함이 없나이다.
아버지께서 내게 민망하지 마사이다.

아버지의 주신 사명을 이 아들이 잘 감당하오매
아버지여, 얼굴을 돌리지 마옵시고 이 아들을 쳐다보소서.
아버지는 나의 마지막 힘이요,
나의 마지막 능력이니이다.

아버지여,
내가 모든 것을 지고 이것을 능히 이긴 후에
다시금 내게 얼굴을 돌리사
아버지의 그 영화로움에 동참케 하시는
조금 후에 있을 일들로 인하여서
이 아들의 마음이 감동이 되나이다.

아버지여,
내가 지금 짊어지고 걷고 있는 이 길과
내가 고난받는 일들에 대해서 아버지여, 민망히 여기지 마소서.
내가 할 일을 마땅히 하고 있으며
아버지의 섭리하신 길을 마땅히 가고 있나이다.

내 사랑의 아버지여,
사람들이 생각할 때에 내가 아무 말도 하지 아니한다 하며
내가 자칭 유대인의 왕이라 한다 하지만
아버지여, 내 마음속에서 흘러나오는 회고와
내 마음속에 흘러나오는 아버지에 대한 사랑과
내 마음속에서 흘러나오는 이 사람들에 대한 사랑을
이들이 어찌 알 수 있으며 느낄 수 있겠나이까.

아버지여,
이후로 있을 역사들에 대해
또한 내가 간 후에 선물로 주실 성령으로 인하여서
많은 자들이 깨우치며 알게 될 것임이나니

지금 잠깐의 이 고난으로 인하여서
아버지여, 눈물을 거두시고 나를 외면하지 마소서.
민망히 여기지 마시고 민망히 여기지 마소서.

내가 많은 것을 돌아보며 회고해 봄으로
아버지의 이 경작의 역사와
아버지께서 나를 낳으시고 나를 분리시키며
이 사람들을 지으신 이 모든 것들에 대해
구구절절이 마음에 깨우치며 깨달았나이다.

아버지여,
내 눈물이 강을 이루어 내 마음을 적시며
이들의 마음을 적시기까지
모든 일들이 완성이 되어지고 온전함이나니
아버지여, 민망히 여기지 마소서. 사랑하나이다.

아버지여,
이 땅에서 숨이 끊어질 마지막 순간까지

아버지와의 그 사랑을 생각하겠사오매
아버지, 민망히 여기지 마소서.
내가 지금 짊어지고 가는 이 십자가의 무게가
무거워 견디지 못하는 것이 아니나이다.

아버지여,
사랑하나이다.
내가 이와 같이 십자가에 달려 피를 쏟고
내 숨을 거두기까지
아버지여, 모든 일들을 회고하며
이 사람들의 마음을 다시 상고하며 회고해 보나니

아버지여, 민망히 여기지 마시고
이 아들로 인하여 영광을 받으시며
아버지의 섭리와 아버지의 뜻하신 모든 일이
영영히 영영히 온전함으로 이루어지겠나이다.

예수님께서 십자가를 지고
골고다 언덕을 향해 가시는 동안
하나님의 섭리를 회고하며 올린 고백

주 없이 살 수 없나이다

내 앞에 계신 주시여, 정녕 나의 주시니이까?
주시여, 어찌 거기에서 저를 보고만 계시니이까?
주의 품에 안기길 원하며 한없이 눈물을 흘리고자 하는데…
정녕 주의 품에 안겨 못다 나눈 얘기를 나누길 원하오나
주께서 허락지 않으시니 이같이 주와 거리를 두고 말씀드리나이다.

주시여, 어찌 이같이 사셨나이까?
정녕 주께서는 살아나셨고 내 눈에 보이시나이다.
주시여, 주께서 살으셨나이다.
저는 주께서 아니 계셨을 때 주께서 이같이
살아나시리라 생각지 못할 때에도 주 없이는 살 수 없으므로
'내 이 한 목숨을 어찌 의지하며 어찌 살까?'
이처럼 앞날을 정리하여 생각해 보지도 않았나이다.

내 눈앞에 서신 주는 예전의 그 모습보다도
더 아름다운 모습으로 내게 보이셨음이나니
주시여, 이같이 주를 바라보나이다.
주께서 살아나셨으니 저로 주의 품에 안기게 하여 주소서!

주의 품에 안기게 하여 주소서!
주시여, 주 없이 살 수 없다 고백하였나이다.
그런데 이제 주께서 사시어 제 앞에 보이셨으니 제게 약속하여 주옵소서.
주께서 저를 품에 안으사 주의 계신 곳에
저도 있게 하신다 약속하여 주옵소서.

주께서 십자가에 달리셨을 때에 이 딸의 고백을 들으셨나이다.
"나는 주 없이 살 수 없나이다" 고백한 대로
'주가 안 계신 이 세상에서 내가 무엇을 하며 살 수 있을까'를
생각지도 못하였나이다.
주시여, 그 당시에 정녕 제 마음에 너무나 큰 아픔을 느꼈나이다.
그런데 십자가에 달리시어 피 흘리신
주께서 이같이 아름답게 내 눈앞에 보이셨나이다.

주시여, 제게 약속하여 주옵소서.
주가 가시는 곳에 저도 함께 가게 하시며
주가 계신 곳에 저도 거기 있어 주를 섬기게 하여 주옵소서.
저는 주 없이 살 수 없나이다.

주시여, 이제 사셨으니 약속하여 주옵소서.
저를 데려간다 약속하시며 주 곁에 제가 있는 것을 허락하여 주옵소서.
주여, 이제 저를 남겨두고 가지 마옵소서.
주여, 주여, 저는 주 없이 살 수 없나이다.

주가 계시지 아니한 삶은 한시도 생각해 보지 않았나이다.
그래서 주께서 숨을 거두셨을 때, 저는 어찌할 줄 몰라
'이제 내가 어찌 살까'를 계획지도 못했나이다.

제 입술로 "주 없이 살 수 없나이다" 늘 고백하였는데
이제 사시어 이처럼 제게 보이셨으니
주시여, 이제 약속하사 저를 그 품에 안으시고
주 계신 곳에 저도 있게 하신다 약속하여 주옵소서.
그것만이 저의 유일한 희망이며 소망이나이다.

주시여, 주 계신 곳에 저도 함께 있어 이 땅에서와 같이
주를 섬기는 것, 그것만이 저의 유일한 소망이오니
제게 약속하사 그렇게 되게 하여 주옵소서.

무덤에 장사된 지 사흘 만에 부활하신 주님이
막달라 마리아에게 처음 보이셨을 때,
막달라 마리아가 드린 고백

내 발이 닳도록 증거하려네

사랑하는 주, 내 사랑의 주,
나에게 늘 좋은 것만 주신
나를 사랑하신 분,
그 귀한 분.

이제야 비로소 그분의 사랑을
나 베드로는 깊이 느낀다네.
많은 사람들이 일어나 주를 말하나
그것이 나쁜 일은 아니나
우리 주의 이름이 더 영광스럽길 원하네.

할 일이 많네.
나 베드로가 본 내 주를 증거하며
그분의 사랑을 증거하기에 하루라는 시간은 너무 짧네.

내 발이 다 닳도록 나 베드로는 주를 증거하려네.
내 주를 부인하는 입술이 아닌
그분의 입술에서 나온 그 복음을…

예수님을 부인한 베드로가 통회자복한 후
부활하신 주님을 만나 변화되어
복음을 전하며 올린 고백

오늘도 주의 자취를 느끼나이다

주를 진정 사랑함이
내 마음 깊이
일찍이 깨우쳐 주를 섬기었다면….
내 주, 내 주여,
이제 이자가 주의 나라를 위해
주의 말씀을 지키며 나아가는 자가 되었나이다.

그 소중히 해 주셨던 말씀을 되새기며
어리석었던 지난날들을 회개하나이다.
이자를 너무도 사랑하셨던 주의 손길이
이 가슴에 깊이 울렁이나이다.

늘 내 곁에 계시는 내 주,
나를 바라보시는 내 주를 생각하며
오늘도 이 잠깐의 쉼 속에서 주의 자취를 느끼니이다.
내 주의 품 안에 잠시라도 안기어
이자의 마음을 전하기를 원하나이다.

내 곁에 계시어 인도하시는 주를 생각하며
나의 나아갈 길을 생각하나이다.
수제자로서 나의 사명이 아닌 은혜와 사랑을….

그런 감사한 심정으로
부르실 그날까지 나아가렵니다.
주, 주여, 내 아버지여.

수제자 베드로가 지난날
주님과 함께했던 곳에 잠시 들러
주님의 자취를 느끼고 마음을 다지며 올린 고백

주께서 내게 주신 사랑으로

주여, 스쳐가는 바람 소리였을 뿐인데
그 소리에 주님을 기다리는 내 마음이
주이신가를 생각했나이다.

적막한 밤이 되어
주에 대한 생각에 한없이 밀려드는 그리움과
지난날의 생각에 눈물이 나나이다.

이 길은 주와 함께 걸었던 길인데…
이것은 주와 함께 먹었던 것인데…
이 말씀은 내게 하셨던 것인데…
하나하나 되짚어 보면
주의 사랑이 아닌 것이 없었나이다.
지금의 마음이라면 주께 힘이 되었을 것을….

주여, 힘을 다하나이다. 마음을 다하나이다.
주께서 내게 주신 사랑으로
힘차게 주의 나라를 향해 나아가나이다.

사도 베드로가 일과를 마치고
홀로 있을 때 스치는 바람 소리에도
주님을 그리워하며 올린 고백

지금의 내 마음이라면

주를 따라 이곳저곳 함께했던 때가
스쳐 지나가나이다.
너무 철없이 내 마음대로 주가 좋았고
그 말씀이, 그 권능이 좋아서 마치 내 스스로가 주님인 양
거들먹거리며 행세했었던 때가 떠오르나이다.

주께서 말씀하셔도 명심치 못했고
나 보기 좋은 대로 행하고 붙좇았나이다.
그때마다 내게 하신 말씀들이 나를 높여 주시는 줄로 알았고
주의 깊은 뜻이 무엇인지 깨닫지 못하였나이다.

지금의 내 마음이라면
주 곁에서 마음을 다한 섬김이 되었을 건만….
내 주여, 이제 주께 가오니이다.
항상 그러셨듯 따뜻하고 포근한 주의 품으로
나를 안아 주실 내 주의 품으로 들어가나이다.

사랑하나이다. 내 주여!

이제 주께 안기나이다

저 십자가는
내 사랑의 주님의 영광,
감히 내가 저 십자가에 달리다니….
주께서 내게 이런 영광을 허락하심에
난 그저 감사할 수밖에 없네.

어릴 때의 내 모습을 보신 주께선
어떤 마음이셨을까?
이제는 저 십자가를 보는 내 눈이
주의 눈이 되었으니…
허허….

주여,
참으로 주님께서 함께하셨을 때
나 베드로가 지금의 마음이었더라면
주님의 눈물을 진정 닦아드릴 수 있었겠거늘…

그래도 나를 사랑하사 참으로 많은 말씀을 해 주셨고
깨우쳐 주셨던 기억들을
지금 내 숨이 끊어질 이 상황 앞에서 회고하게 하시고
내가 회상에 젖되 뜨거운 눈물로 감사하게 하시니…

주여, 내가 한 것은 없으되
지금의 베드로가 주님께 드릴 수 있는 마음이 되었으니
이제 주를 뵈러 가나이다.
같이 계셨을 때는 기쁨이 못 되었지만
이제는 주의 기쁨으로 안기리다.

긴 수염과 하얀 머리카락이
세월이 흘렀음을 말하나
나 베드로는 그때의 시절부터 지금까지 한결같았으니
주께서 아심이니이다.
이제 편히 모든 것을 놓고 주께 안기나이다.

주의 온전하신 사랑을 바라보라

내가 십자가에 달려
내 삶의 길을 마무리함에 있어
내가 살아온 지난날들을 돌아볼 때에

내 철없는 행동과 무례함을
웃음으로 바라봐 주었던 동료들에게
미안한 마음을 전하고 싶지만
지금의 내 형편으로는 전할 수가 없네.

내게 따뜻한 손을 내미시고 나를 인도하셨던
사랑의 주님을 영원토록 뵐 수 있는
그곳으로 내가 가지만
다시 한 번
그분께 내가 고백해야겠네.

주님, 용서해 주시라고.
어리석은 나였지만
이제 승리하여 주님께 간다고.

내가 바라보고 있는 이 땅에
더 많은 것을 이루어 드리고 싶었지만
남은 자들이
또 많은 열매로 낼 것을 믿는다고
말해 주고 싶네.

나 베드로와 같이
주의 마음을 아프게 하지 말고
주의 온전하신 사랑을 바라보라
말해 주고 싶네.

이제 내 영혼이 주를 뵙고
평안한 안식을 누리네.

아버지의 비밀한 일을 풀어 나가나이다

부르짖을 수 있는 소리를
제게 주심에 감사하나이다.

아버지, 주의 사랑을 입은 자 가운데
이자가 아버지의 비밀한 일을 풀어 나가나이다.

무릎이 깨어져 나갈 통증도
어두운 이곳도
이자의 부르짖는 소리로
이 소리로 온통 충만하나이다.

내 주의 고난당하심을
한시라도 잊지 아니하며
내게 주어진 이 환경과 이 귀한 사명에
감사할 뿐이니이다.

모두가 다시 모여
주의 품에 안겨 서로의 사역 이룸을 이야기하며

주에 대한 사랑을 고백할 때까지
이곳에 무릎 꿇고 또 꿇어
아버지 일들을 이루기 원하나이다.

아무것도, 그 어떤 것도 두렵지 않음은
내 주, 아버지께서 계시며
이자를 사랑하시기 때문이니이다.

사도 요한이 하나님의 섭리 가운데
밧모 섬에 유배되어 깊은 계시를 받기 위해
부르짖어 기도하며 올린 고백

유배지에서 주의 얼굴을 기다리니이다

내게 주신 사명이 있어
주께서 말씀하셨듯
나는 이곳에 엎드려 있나이다.

주의 인도하심이 없었던들
내가 오늘날 주의 일을
어찌 말할 수 있었겠으며
아버지의 나라를 말할 수 있었겠나이까.

이제 내게 원하는 것이 있다면
주의 품에 안기는 것이오니
주를 떠나온 지 많은 시간이 흘렀음이니이다.

시간이 길게 흐른 듯하나
모든 것이 순간인 듯
오늘 나는 이 유배지에서
주의 얼굴을 기다리니이다.

주와 함께했던 그날처럼
모두가 모여 주의 얼굴을 보며
주님과 대화하며 지난날을 회고할 그때가
내게도 다가옴에 감사를 드리나이다.

오늘일까? 내일일까?
늘 주를 만날 그날을 사모하오니
주여, 내게도 온전히 이루어 주소서.

주의 품에 안기듯 포근하나이다

아, 아… 오묘하도다.
아버지의 섭리는
인생의 어리석음으로 다 알 수가 없는 것이니
이 무한하신 아버지의 마음을 어찌 다 표현할까.

주여,
주께서 이곳에 계실 때에
이 많은 것들을 우리에게 알리시고자
그처럼 많은 일들을 보이시고
행하시며 말씀하셨는지요.

주변엔 아무도 없는 듯하나
주의 영이 나를 감싸니
내가 주의 품에 안기듯 포근하나이다.

더 그립고 그리워지는 이 마음
표현할 길이 없어
이 늙은 주의 종의 뺨에 눈물이 흐르나이다.

아직도 내 마음은
주의 품에 안겨 어리광부리는 어린아이 같거늘
어느덧 시간은 지나
난 이곳에
주는 저곳에….

주여,
그리운 이 시간들이 쌓여
주의 곁으로 점점 다가가나이다.

어떤 환경이나 고난에도 힘들다 하지 않고
자신의 사명을 잘 감당한 사도 요한이
삶을 회고하며 감사와 그리움으로 올린 고백

그분의 사랑을 전하려네

나같이 어리석은 자가 또 있을까?
주를 핍박하며 그분의 이름을 멸시했던 나….
내 생각으로 가득 차서 은혜를 받지 못하고
내 의만을 주장했네.

그런 내게 따뜻하게 다가오신 그분,
그분을 뵐 수 있다는 소망으로, 그분의 품에 안길 소망으로
난 오늘도 이 길을 간다네.

내게 주신 이 소중한 사명.
주의 사랑을 알리는 엄청난 사명.
내 마음을 다해, 내 모든 것을 다해
난 그분의 사랑을 전하려네.

나를 부르실 그날까지 나의 모든 행함이
부끄럽지 않도록 내 생명을 다할 것이라네.
사랑하는 그분, 내 주.

주를 믿는 자들을 핍박하던 사도 바울이
찬란한 빛 가운데 주님을 만난 뒤
이방인의 사도가 되어 생명 다해 충성하며 올린 고백

어찌 그리 감사한지요

내 주여,
감사하나이다.

내가 주의 이름으로 매를 맞음도
내게는 감사가 되나이다.

아무것도 아닌 나를
이처럼 사랑하사
영광스런 주의 이름으로 핍박받음이
내게 어찌 그리 감사한지요.

죄인 중에 괴수인 자에게
이런 은혜를 주심에 감사하나이다.
내 사랑하는 주여!

사도 바울이 주의 복음을 전하다가
사십에 하나 감한 매를 맞고도
감사하며 올린 고백

끝없는 바다를 바라보며

이런 곳에서
주를 생각하게 하심에 감사하나이다.
내 발은 쉼을 얻고 내 몸은 쉼을 얻나이다.

망망히 펼쳐진 끝없는 바다를 보며
아버지의 광대하심을 생각하나이다.

주의 영혼들에 대해 품으시는
사랑의 끝없음이 밀려오나이다.

어떤 위험이라 할지라도
내가 두렵지 아니함은 내 주,
내 아버지가 계시기 때문이니이다.

내 입술에 찬양과 감사가 있게 하신
내 아버지, 내 주여,
사랑하며 감사하나이다.

배가 파선하여 바다에 빠진 사도 바울이
언제 구원의 손길이 올지 모르는
막막한 현실 앞에도 감사하며 올린 고백

나의 길을 여시옵소서

새벽 하늘엔 별들이요,
그 별들 하나하나가
주님의 사랑의 눈빛이나이다.
주께서도 이 별들을 보고 계셨나이까?
하늘에 물들어지는 고운 빛들도 주께서 보고 계셨나이까?

마음에 무엇을 그리셨나이까?
이자가 주를 그리듯
주께선 아버지를 그리워하셨나이까?
하늘에 무엇을 새겨두셨나이까?
제 얼굴도 새기셔서 그 하늘을 지금 이자가 보게 하시나이까?

주여,
이자의 마음이 온통 주께 있사와
이 뜨거운 마음을 주체할 수가 없나이다.
이자는 어제도 그리하였고 오늘도 내일도
주를 증거하고자 함이 더하니 나의 길을 여시옵소서.

사도 바울이 배가 파선하여
일 주야를 깊은 바다에 빠졌을 때(고후 11장)
밤 하늘에 떠 있는 별들을 보며 올린 고백

소리 높여 찬양하나이다

기뻐 찬양하나이다.

모든 이름에 뛰어나시며 크신 이에게
더욱 소리 높여 찬양하나이다.

내 호흡이 있어 입을 열 수 있음도,
그 입이 있으되 주를 찬미하게 하심도
내게는 감사뿐이니이다.

내가 힘을 다해 아버지를 찬미하니
내 영혼이 충만하여 기쁨이 넘치나이다.

이 모든 이들 위에 계신 분은
오직 아버지이심을,
우리 주이심을 찬양하나이다.

내 힘을 다해 크신 이를 찬양하나이다.

바울과 실라가 복음을 전하다가
매를 맞고 감옥에 갇힌 중에
하나님께 감사의 찬양으로 올린 고백

주여, 감사드리나이다

주여,
내가 다시 눈을 뜰 수 있으매
내 마음이 주의 일을 증거하고자 함이
불타오름이 꺼지지 않음이
내 몸을 일으켜 걸을 수 있음이
주님의 고초 받으심을 잠시나마 느낄 수 있음이
감사하나이다.

내가 주의 이름으로 인하여
핍박하는 사람이 아닌
핍박받는 사도가 되게 하심에
감사드리나이다.

돌에 맞아 성 밖에 버려진 뒤
주의 능력으로 살아나 성으로 들어가면서
올린 사도 바울의 고백

주를 뵙고자 하는 사무침

내 주여,
내 생이 길고 짧음이 아니라
급하고 조급함이 아니오라
이 땅에 있는 날이 길고 짧은 것이 중요한 것이 아니오라
주를 뵙고자 하는 이 마음이 사무침이니이다.

내 앞에 많은 이들이 있었고
주를 위해 목숨을 내어놓은 많은 자들도 있었사오나
모두들 하나같이 이자와 같은 마음이었으리라 생각해 보나이다.

아버지의 아들이 되었고
내 주를 부르며 사랑하는 아들이 되었고
이 땅에 주신 사명 감당하는 아들이 되었나이다.

그러나 내 마음 늘 한 편에
주를 뵙고자 하는 이 사무침이
오늘도 바라보는 이 하늘에 눈물이 되나이다.

핍박받으며 어려움 당함이 슬픈 것은 없나이다.
내 이 눈물은 아버지의 일과 영혼들과
주를 뵙고자 하는 내 마음의 사무침이오니

내 주여, 내 아버지여,
이 눈물을 거둘 날을 바라보나이다.
사랑하나이다. 내 주여!

모든 것이 주의 은혜

내 고난이
주의 고난과는 비교할 수 없고
감히 입에 내기도 부끄럽거늘
주의 포근한 위로가 힘이 되어
내 몸을 일으키니 어찌 이 모든 것이
주의 은혜가 아니라 말할 수 있으리.

내가 숨 쉬고
내가 누울 수 있으며
말하고 전할 수 있음도
주께서 허락하신 일이거늘
이 모든 것이 어찌 감사가 아니겠는가?

몸이 있어도 주를 알지 못하면 주를 증거할 수 없고
걸을 수 있어도 내 안에 은혜가 없으면 전할 수 없고
입이 있어도 사랑이 없으면 헛된 소리일 뿐.
내게 주신 하루하루의 은혜….

내 평생의 은혜가
나를 사도라 하는 길로 가게 하셨으니
이 영광을 얻게 하신 이,
곧 내 주 그리스도 그분께 감사하네.

눈을 들어 하늘을 쳐다볼 수 있음이
내 눈에 흐르는 뜨거운 눈물이 귀한 사랑이 됨이
모든 것이 다 감사로구나.

내 평생 걸어온 길 그 끝에
내가 가장 사랑하는 그분이 계시다는 이 기쁨이
오늘의 나를 버티게 하네.

복음을 전하다가 애매히 고난받고
모진 매를 맞으면서도
기쁨과 감사로 그 길을 간 사도 바울의 고백

내 평생 잘한 일이 있다면

내 평생 잘한 일이 있다면
주를 만난 일이요 주의 동역자들과 함께
아버지의 나라를 이룬 일이네.
나의 몸은 한 줌의 흙으로 돌아가지만
내 영혼은 그리도 뵙고 싶었던 주의 품에 안긴다네.

생각만 하여도 감동의 눈물을 주체할 수가 없네.
얼마나 보고 싶고 그렸던 분인가.
육의 몸은 묶여 움직이지 못해도
초라한 행색으로 이리 있어도
나의 생각과 마음은 누구보다도 행복하고 영광스럽다네.

주를 알지 못해 내가 핍박하고
나로 인해 죽임 당한 이들에게 속죄하는 심정으로
늘 그들의 모습을 그리며 기도하였고
나 같은 이들이 다시는 없기를 원하는 마음으로
이 순간까지 주님의 사랑 전하기를 게을리하지 않았네.

돌아보면 주의 말씀을 증거하고
권능을 베풀고 하루를 마무리하며
주를 생각했던 시간들이 내겐 너무 좋았고
영혼들이 나를 보며 주를 알려 달라 말할 때에 그 기쁨이
너무 컸고 변화되어 주를 증거하는 자들로 나올 때
내 기쁨은 말할 수 없었다네.

고난의 세월이라 생각하지 않는 것은
내게 말할 수 없는 행복과 기쁨이 늘 있었고
주를 생각하면 피곤도 핍박도 아무것도 아니었다네.

허허허….
행복하고 즐거웠던 내 한평생.
'더 드릴 수 있는 것이 있지 않았을까?' 질문해 봐도
지금의 내 모습이 아버지께 주님께는 귀한 모습이네.

단지 마음에 눌리는 것이 있으니
내가 간 후의 영혼들과 일꾼들에 대한 것이지만

아버지께서 뜻이 있으사
아버지 나라에 합당한 이들을 세우시고
이끌어갈 것을 나는 믿네.

나와 늘 동행했던 이들…
나를 위해 눈물 뿌려 기도해 줬던 이들…
나를 공궤하며 아버지 나라를 위해 주를 위해
함께했던 이들의 얼굴들이
깊은 밤 나의 마음을 요동케 하네.

지금은 잠시의 헤어짐이나
다시 만날 때를 기약하리니
내 주의 품에 안겨 이들을 위해 난 기도하리라.

아버지, 나의 아버지,
주여, 내 사랑의 주여.
이제 이 아들이 아버지께 주께 가나이다.

사도 바울이 처형당하기 전,
자신의 생을 회고하면서
하나님과 주님께 올린 고백

너무도 그립고 사모하는 주님

사랑하는 주님!
이제 잠시 후 주님을 뵈올 것을 생각하니
참수터로 향하여 내딛는
저의 발걸음마다 기쁨과 감사가 가득하나이다.

육의 몸은 포승줄에 묶였으나
저의 영혼은 자유하며
죽음은 조금도 두렵지 않습니다.

오직 너무도 그립고 사모하는 주님을
친히 뵈올 수 있다는 생각에
부푼 가슴 안고 뛸 듯이 주를 향해 나아갑니다.

지난날 다메섹 도상에서 광명한 빛 가운데
먼저 제게 찾아와 만나 주신 주님….

그때 저는 주님을 핍박하던 자요
주님의 면전에서 많은 해를 가했던 자였는데

이제도 영광 중에 주님께서 저를 맞아 주시니
주님의 그 은혜와 사랑을 어찌 다 갚으리이까?

주님, 생명 다해 열심히 복음을
전한다 하였으나 더 하지 못한 것이 있었는지,
주님께서 주신 사명을
정녕 온전히 감당하였는지 돌이켜 봅니다.

지난날 저와 함께
주의 복음을 전했던 저의 사랑하는 사람들을
주여, 기억하여 주옵소서.
저는 이제 주님 품에 안기나
뒤에 남겨지는 그들이 자꾸만 제 눈에 밟히오니
저를 붙드셨던 주님의 사랑으로
그들 또한 붙들어 주옵소서.

지난 모든 삶을 돌아보건대
주님께 드릴 고백은 오직 감사뿐이나이다.

지극히 작은 저를 부르사
주의 사랑으로 새롭게 하셨으며
저의 맘 가득히 주의 사랑으로 채우셨고
주의 뜻대로 이끄시며 주의 권능 나타내셨나이다.

사랑하는 내 주님을 이제 곧 뵈올지라
제 마음엔 오직 주님 만날 기쁨만이
가득 차 올라 넘치나니
주님! 저의 영혼을 받으옵소서.

그대들이 있었기에

내가 갈 길을 갈 뿐, 나를 위해 흘리지 말고
영혼들을 위해 눈물을 흘리기를.

그대들이 있었기에 내 사역은 힘이 있었고,
그대들이 있었기에 빛을 발했네.
지금은 잠시의 이별일 뿐
기쁨의 마음으로 다시 모두를 만나기를.

나의 죽음을 기억하는 것은 주를 사랑하는 이의 죽음이
얼마나 행복하다는 것을 알리기 위함이요,
주의 이름으로 죽음에 이르는 것이
얼마나 영광인가를 보이기 위함이니

그대들의 기억 속에 나 사도 바울은
주를 위해 기꺼이 그 목숨을 버리고 행복하게
먼저 간 사람일 뿐, 단지 그대들의 삶에
주만이, 진리만이 있기를 원하네.

사도 바울이 처형장에 도착한 후
애절한 눈물로 자신을 바라보는 이들에게
당부하는 고백

내게 베푸신 영광이 크기에

주여, 내 마음에 가득한 주시오니이까?
너무나 뵙고 싶어 눈물 흘리며
부르고 또 부르던 내 주시오니이까?
내게 베푸신 이 영광이 크기에 감히 얼굴을 들 수 없나이다.

내게 이런 많은 것을 주시나이까?
내가 드린 것이 없고 주께서 주신 것으로
다만 움직였을 뿐이온데 내 영광의 크기에 놀라울 뿐이나이다.

이제 주의 사명, 곧 사도의 사명을 놓고 주의 품에 안기나이다.
내가 주의 품에 안길 수 있는 이 사명으로 인해
너무 즐거웠고 행복했고 감사할 수밖에 없었나이다.

이제 즐거이 주의 품으로 들어가나이다.
다만 남은 이들을 생각하사
주의 능력으로 그들을 붙드소서.
사랑하는 내 주의 품으로 들어가나이다.

사도 바울이 참수터에서 죽음을 앞두고
자신을 기다리고 계신
주님의 모습을 뵈며 올린 고백

주님의 당부

내가 사랑하는 이들을 위해 흘린
눈물과 피를 기억하며
이 마지막 때에 아버지께서 보내신 목자를 생각하며
아무것도 아닌 악과 세상에 지지 말고

아버지의 부르심에 따라
영광 중에 산 이들을 기억하며
내 핏값을 헛되게 하지 않기를….

난 항상 너희들의 가까이에 있으며
너희들을 지켜봄이니
내 눈을 가리지 말며 내 마음을 덮지 말고
모두가 부활에 동참하기를 난 늘 기도함이니

이 간절한 나의 마음을
너희의 목자를 통해 늘 체험하기를,
너희들 안에 있는 성령으로 인하여
늘 느껴 나가기를 나는 원하노라.

주님께서 죄악이 관영한
마지막 때를 사는
우리 성도들에게 당부하신 내용

그것이 나의 기쁨이도다

나의 이름을 영화스럽게 하는 이들이여
그 이름들이 빛나도다.

하나하나 그 이름들이 쌓여감이여
그것이 나의 기쁨이도다.

세상의 악함이 승하여
아버지와 나의 이름을 더럽히나
그것은 참이 아니요,
곧 드러날 일들에 비할 바가 아니요,
그 영광은 말할 수 없음이나니
아버지의 영광을 따를 자 없고 막을 자가 없도다.

날마다 이들을 위한 기도이니
아버지의 뜻이 이루어짐이네.

주님께서 우리가 성결된 참 자녀로
변화되어 영광스런 자리에 이르기를
간절히 바라며 하신 고백

3장

아버지, 3남, 나

아버지의 깊으신 뜻을 알려 주소서

사랑하는 아버지,
오늘도 이 아들은 아버지의 참뜻을 알고자 산에 올라
아버지 앞에 무릎을 꿇었나이다.

사랑의 내 아버지,
이 말씀이 내게 없었으면
어찌 아버지의 뜻을 알 수 있었으며
내 사랑하는 아버지, 주의 마음을 알 수 있었겠나이까?
이 말씀이 내 지침서이며
나를 아버지와 묶으시는 끈이나이다.

많은 믿는 자들이 있사온데
아버지의 참뜻을 아는 이가 없으며
아버지의 깊으신 마음을 풀 자가 없나이다.
창세기에서 계시록에 이르기까지
아버지의 무궁무진한 깊으신 뜻을 밝히 알려 주사
저의 기도가 아버지의 마음을 읽게 하시며,
아버지의 숨기신

성경상의 비밀을 알게 하소서.
이 아들은 아버지의 깊으신 사랑을 전하기 원하오며
많은 사람이 아버지를 오해하지 않고
참으로 믿기를 원하나이다.

사랑하는 내 아버지, 내 주여,
아버지의 뜻을 알고자 산에 올라 무릎을 꿇었사온데
왜 이리 아버지가, 내 주가 보고 싶은지요.
눈에 눈물이 흘러 마르지 않으니
내 아버지의 품에 안긴 듯 내 주의 품에 안긴 듯
이 자리에서 아버지의 마음을 온전히 느끼길 원하나이다.

아버지,
보고 싶고 또 보고 싶은 내 아버지,
내 안에 흘러나오는 아버지의 그리움이 끝이 없나이다.

교회 개척 당시, 성경 말씀을
하나님께로부터 풀이받고자 늘 금식하고
작정하여 기도하며 산상기도 다닐 때 올린 고백

주신 비전이 너무 크기에

오직 믿음으로만 행하여 왔나이다.
무엇을 말씀하셔도
이 종의 마음은 한결같았나이다.

하루하루 시간이 흐르면 흐를수록
아버지에 대한, 주에 대한, 영혼들에 대한
나의 마음은 더욱 깊어지니
그것이 사랑이요, 권능이 되나이다.

조금만 더, 조금만 더
아버지, 주님의 권능이 더 나타나기를
그 영광이 더 나타나기를
더 많은 이들이
아버지를, 주를 알기를 기도하여 왔나이다.

나의 눈물과 배고픔이
이들을 향한 나의 마음임을 이들이 알기를
더욱 더 힘써 애써 기도하나이다.

주신 비전이 너무 크기에
쉴 새 없이 오늘도 이 종은 나아가나이다.

내게 주신
이 제단에게 주신 이 큰 뜻을…
할 수 있나이다. 할 수 있나이다.
아버지가 계시기에
내 사랑의 주님이 계시기에 할 수 있나이다.

교회 개척 후,
아버지 하나님과 주님의 영광만 나타내기를 원하여
오직 믿음으로 행군하며 올린 기도

아버지께서 주신 양 떼를 지키기 위해

어느 누구도
나의 사랑의 끈을 끊을 수 없으리…
나의 이 사모함, 나의 이 열정,
나의 이 애달픈 마음을….

아버지의 영광만이
주님의 영광만이 늘 나타나기를 구한 나이기에
누구보다도 아버지께서는, 주께서는
이 아들을 아시기에 이겨가나이다.

무슨 말을 할지라도 그들의 어리석음이
불쌍한 마음으로만 자리잡는
이 아들의 긍휼함을 아버지께서 기억하시도록
난 오늘도 그들의 구원과
사랑하는 아버지의 양 떼를 위해 마음을 다하나이다.

아버지…
사랑하는 나의 아버지….

육으로는 입을 열 기운조차
남아 있지 않기에 더욱 더 손에 힘을 모으고
정신을 집중하고 부르짖으려 애를 쓰나이다.
사랑하는 영혼들을 지키기 위하여
나의 몸 나의 상황을 생각할 겨를이 없나이다.

간절하나이다.
간절하나이다.
아버지께서 주신 양 떼를 지키기 위해
이 아들은 손을 꼭 쥐나이다.

힘을 내나이다.
애를 쓰나이다.
눈물을 너무 흘려 '더 흘릴 눈물이 있을까?' 했지만
또 흐르는 이 눈물…
아버지, 주님,
영혼들에 대한 나의 마음이니이다.

축복이라 하신 그 말씀…
되뇌이며 또 되뇌이며
오늘 하루도 마무리하나이다.

아버지, 주님, 제 곁에 늘 계셔 주셔서
이 아들은 또 힘을 내어 가나이다.
축복임을 믿기에….

'사도 바울이 간 길이, 그 고난이 어땠을까?
나라면 그 길을 능히 감당할 수 있었을까?'를 생각해 보나이다.
모진 고난 속에서도 감사가 나왔던 그 길…
생각하면 할수록 그 행함에
감동의 눈물이 흐르니이다.

내게 주어진 길, 쉽지 않은 길
이 길을 다시 가라 하시면…
이 아들은 또 이 길을 가고 있을 것이나이다.

1999년 교회적인 축복의 연단 중에
성도들과 함께한
21일 다니엘철야기도회 시 올린 기도

아버지 뜻이 이 땅에 이루어지니이다

아버지께서 가라 하시면
나는 가오니
아버지 뜻이 이 땅에 이루어지니이다.

이 아들을 보장하사
크신 영광만을 드러내소서.

2000년, 하나님의 뜻 가운데
세계 선교의 문이 열리면서
하나님께 올린 기도

보이는 것 없어도

끊임없는 영혼들에 대한 이 아들의 마음
하나라도 주를 알게 하기 위한 내 마음….
죽어가는 이들에게
천국의 복음이, 생명의 말씀이, 아버지의 권능이
마음껏 펼쳐지기를….

보이는 것 없어도 오늘날까지 전진만,
입으로는 늘 믿음의 고백만,
마음으로는 아버지를 바라며
간절한 기도만을 쌓아옴을
아버지께서 보시며 이 아들을 보장하시니
늘 아버지의 위로로 이 아들이 사나이다.

어려울 것 같았던 상황들도
결국 믿음으로 승리케 하시니
아버지의 마음을 더 깊이 닮아 가나이다.

사랑하는 일꾼들에게 믿음의 눈이
사랑하는 일꾼들에게 믿음의 입술이 되기를…
사랑하는 영혼들에게는
아버지의 축복과 응답이 있기를…
아버지, 마음껏 영광을 나타내소서.

2000년, 우간다 연합대성회 인도차
오른 비행기 안에서 오직 하나님의 뜻을 찾으며
영혼들을 위해 드린 기도

갈릴리 바닷가에서

사랑하는 내 주여,
이곳에 계셨더니이까.
어디로 지나가셨나이까.
무엇을 생각하시며 무엇을 말씀하셨나이까.

이 아들은 아버지의 명에 따라 무릎을 꿇었나이다.
아직은 근본의 소리가 무엇인지
다는 알 수 없으되 아버지의 명에 따라
이곳 내 사랑의 주가 바라보셨던 이곳에 꿇어 앉아
아버지의 뜻을 행하나이다.

주의 소리가 이곳에 머물러
이 아들의 소리를 기다리셨나이까.
내가 바라보는 이곳이 주가 바라보던 곳임에
이 아들은 감동이 되나이다.
주여, 어떤 마음으로 이곳에 계셨나이까.

이 아들은 많은 영혼들과 그들의 공궤함으로 부족됨이 없나이다.

많은 자들이 나를 사랑하고 따르오니
이 아들은 부족됨이 없나이다.

다만 아버지의 뜻을 온전히 이루어 드리고자
이곳에 무릎을 꿇었사오니
나의 사역은 주의 사역에 비할 수 없나이다.
나의 눈물은 아버지께서 닦아 주시고,
주께서 닦아 주시고, 사랑하는 이들이 닦아 주나이다.

나의 모든 것 오직 아버지의 영광 속에 가오니
아무것도 염려하지 마소서.
오늘의 발한 이 소리가
아버지의 영광과 주의 영광을 위해 빛을 발하리니
이 아들은 믿고 기다리나이다.

2004년, 성지순례 여정 중에
주님의 숨결이 느껴지는 갈릴리 바닷가에서
앞으로의 사역을 준비하며 올린 기도

주의 심정으로

내 아버지여,
정녕 아버지 앞에
귀히 여김 받는 자도 있고
그렇지 못한 자들도 있으나
그러나 이 아들에게 있어 어찌 모두가
귀하지 아니하나이까.

작은 소자 하나라 할지라도
아직 육을 벗지 못한 영혼들이라 할지라도
제게 있어서는 모두가 아버지 앞에
아름답게 변화시켜 드려야 하는
열매들이니이다.

그러하기에 아무리 부족한 영혼들이라도
아무리 용서받지 못할 영혼들이라 해도
이 아들이 그들의 마음이 되어 애통하였으며
어찌하든 아버지 앞에 그들이 용서받기를
다시금 기회를 얻을 수 있도록 간구하였나이다.

주께서 이 땅에 오셨을 때에
많은 인생들에게 영광도 받으셨으나
고난도 당하시고 멸시와 천대도 받으셨나이다.

그러나 주께서 인생들을 끝까지 사랑하셨고
그들의 마음을 이해하셨사오며
어찌하든 그들이 기회를 얻을 수 있도록
기도하셨나이다.

정녕 이 아들의 마음도 그러하므로
어떤 한 영혼이라도 버리고 싶지 아니한 심정으로
오늘날까지 달려왔나이다.

아버지께서 영혼을 귀히 여기시는
그 마음을 잊지 아니하였고
덜 부족한 종이든 더 부족한 종이든
모든 종들을 내 생명같이 귀히 여겼음을
아버지가 아시나이다.

이 아들의 눈길을 피하고
낯을 피하여 숨고자 하는 이가 있다 해도
어찌하든 그들이
은혜를 입고 충만함을 되찾아
주의 종으로서 사명을 감당해 나갈 수 있도록
늘 간구하였나이다.

육신의 생각이 많아서
순종치 못하는 종이라 하여
그를 지적하고 책망한 것이 아니요
오히려 그가 육신의 생각이 많아
스스로 괴로울 것을 생각하였나이다.

그러니 그를 늘 마음에 품어 기도하며
그가 그 생각을 깨뜨릴 수 있는 능력을 받아
순종할 수 있도록 아버지 앞에 간구한 것도
내 아버지여, 아버지는 아시나이다.

이와 같이 영혼들을 위한
애통함과 무거운 짐들을
이 아들이 수고롭게 여기지 아니하였고
오히려 저들을 위해 기도하는 사명을 주심이
내게는 즐거움이라 하였사오며,
이런 기도로써 그들을 변화시킬 수 있는
능력을 주시니 감사하나이다.
기도하는 것도
아버지께서 들으셨음이니이다.

아버지여, 이 아들이
아버지를 뵙는 그날까지 이러한 마음으로
더 많은 영혼들을 변화시켜 나갈 것이오며,
아버지께서 맡겨 주신 이 주의 종들을
이끌어감에 있어 더 능력의 종들로,
정녕 아버지의 원하시는 주의 종들로
이끌기 위하여 날마다 더욱 기도하겠나이다.

그들을 버리지 아니하며
마음에 품어 기도해 나갈 것임이니이다.
그러하오니 아버지여,
저들에게 은혜를 주시고 변화시켜 주옵소서.

이 아들에게 주신 마지막 사명을 이룰 때에
저들이 많은 분야에 힘이 되어지고
아버지 앞에 영광을 돌릴 수 있는 종들로
정녕 성장시켜 주시옵소서.

아버지여, 이 아들의 마음에는
어떤 것도 불편함이 없사옵고
조그마한 힘듦도 있는 것이 아니오며,
오직 그들이 온전히 변화될 것을 믿나이다.

항상 그들이 아버지 앞에
온전한 열매를 낼 수 있도록 믿고 간구하나이다.

아버지여, 저들을 기억하사
정녕 주의 종들의 사명을 감당케 하시되
이제는 모든 것에 깨어나며
아버지 앞에 민망한 일들을 이루지 말고

이 아들이 항상 아버지 앞에
빛으로 선으로 진실함으로 나왔던 것처럼
저들도 그와 같게 하시고
기회를 열어 주시어
아버지께서 은혜와 능력을 주시어
그 마음에 소원하는 바, 원하는 바를
능히 이루고 감당할 수 있도록 인도하여 주소서.

절실한 기도를 들으사

아버지,
이 아들의 잘못으로 아버지 앞에
부끄럽고 민망한 이 많은 편지들을 보이나이다.

제 생명을 주고라도
구원하고자 마음을 다했건만,
오늘날 아버지 앞에 이 많은 수치를 보이나이다.

하오나 아버지여,
늘 아버지께서는 이 아들과 제단에
항상 좋은 것으로만 인도해 주셨음을
고백하나이다.

아버지,
이 영혼들을 구원하고자 하는
이 아들의 절실한 기도를 들으사 길을 내시며,
빛을 보이사 구원을 이루어 주옵소서.

제가 아버지 앞에 늘 신실하였고,
아버지 앞에 늘 선한 것만을 생각하였사오니
아버지여, 아바 아버지여,

긍휼함을 베푸사
아버지의 선하신 뜻을
이 제단의 이 수많은 영혼들에게 베푸소서.

내 생명, 내 모든 것,
늘 아버지 것이었나이다.

어떤 것이라 할지라도,
무엇을 달라 하실지라도
다 아버지의 것이었사오니 내게 아낄 것이 없고,
다만 아끼고 소중한 것이 있다면
이들을 위한 아버지께서 주신 사랑이오니
이 사랑이 온전함으로 드러나게 하옵소서.

이들을 살릴 길을 여소서

아버지, 나의 아버지,
아버지는 아니라 하시지만
아무리 생각해 보아도
내가 잘못 가르친 탓이나이다.

좀 더 더 이들에게
좀 더 더 마음을 써서 진리를 가르쳤다면
오늘날 이 아들이 아버지 앞에
부끄럽지 아니하였을 것이니이다.

저 영혼들에게 무어라 하겠나이까.
내가 책임자며, 내가 목자거늘….

책임진다고 물러날 수도 없고
그만둔다고 할 수도 없는 것은
이 모든 일의 책임을 지고
아버지 원하시는 대로 만들어 두어야 함을 알기에
이 아들, 아버지께 무릎 꿇어 속죄하나이다.

어떠한 방법이라도
이들을 살릴 수만 있다면 능히 가겠사오니
아버지여, 길을 여소서.
이들을 살릴 길을 여소서.

아버지만이
하실 수 있으시기에
감히 이 아들, 이들의 죄를 고하고
아버지께 용서를 구하나이다.

아버지여, 도와주소서.
이들을 살려주소서.

2010년 성탄절에
범죄한 성도들을 대신하여 애타는 심정으로
구원의 길을 열어 주시라고 올린 간구

영광 돌릴 그날을 기다리며

감사합니다. 사랑의 아버지.
제게 사명을 주신 지도 30년이 되어갑니다.
많은 일들로 아버지께 영광 돌리며
금식하며 기도해 왔다고 했는데
돌이켜 보건대 민망한 마음뿐입니다.

늘 시간 시간을 쪼개어 또 드리고 또 드리고
아버지를 향한 마음, 영혼을 향한 마음으로
가득 영광을 돌리고자 하였으되
이룬 것을 생각할 때 민망할 뿐입니다.

아바 아버지, 바쁘게 보내온 지난 세월들
품어야 할 것들도 많았고, 이루어야 할 것도 많아서
부지런히 달려온다 하였으되
아버지께서 돌아보시관대 알려 주소서.

이 아들이 아버지 앞에 게으르지는 않았는지,
소홀하지는 않았는지 또 돌아보아 상고하나이다.

사랑하는 아버지, 아버지께 올릴 온전한 성전,
아버지께서 기뻐하실 영의 사람들, 아버지께 간구하나이다.

내 사랑하는 이들의 얼굴이, 마음이
아버지께 심기어져 영광 돌릴 그날을 기다립니다.
이 아들의 눈물의 기도가, 간구가, 애통의 간구가
응답과 축복으로 열매 맺게 하시니 감사드립니다.

그러나 소원하건대 더 많은 이들이
영의 마음으로 변화되어 나오기를 원합니다.
죄를 온전히 벗고 세상을 온전히 벗고
아버지만을 위해 살아가도록
아버지여, 크신 은혜를 부어 주소서.

주님 오실 때까지 이 아들은
이 영혼들을 포기하지 않나이다.
하나라도 더, 하나라도 더 이끌어 들이겠나이다.
아버지여, 은혜를 더하옵소서.

교회 개척 30주년을 앞두고
한 영혼도 포기할 수 없는 사랑의 마음으로
아버지 하나님께 올린 기도

눈물을 귀히 받으사

아버지여,
감사하나이다.

아버지의 선하신 뜻이
이 제단에 있어 이렇듯 영혼들을
성장시키심에 감사드리나이다.

이 아들의 눈물을 귀히 받으사
오늘과 같은 기쁨을 내게 주시나이다.

아버지, 감사드리나이다.

성도들이 죄악에서 떠나 성결을 이루며
영의 사람, 온 영의 사람으로 거듭남에 감사하여
아버지 하나님께 올린 기도

내가 살아 숨 쉬는 동안

아버지, 10년 전에도, 20년 전에도, 30년 전에도
늘 한결같은 마음으로 기도해 왔습니다.
이 제단을 맡은 책임자로서
늘 아버지 앞에 한결같았나이다.

아무것도 보이지 않아도
그 끝에 있을 아버지의 축복과 영광만 생각했나이다.
내가 살아 숨 쉬는 동안 아버지만을,
주님만을, 영혼들만을 생각했나이다.

눈앞이 흐려져도 귀가 먹먹해져도
그 안에 담긴 아버지의 뜻만 생각했나이다.
내가 이끌어가는 사랑하는 이들에게
충만함과 기쁨만을, 행복만을 주고 싶은 마음이니이다.

사랑하는 내 아버지,
오늘도 내일도 이 아들은 아버지께서 준비하신
위대하고 거대한 일을 생각하며 가겠나이다.
아버지 뜻 이루소서.

교회 개척 이후 30여 년 세월
한결같이 오직 아버지 하나님의 뜻과
영혼들만을 생각하며 올린 기도

인생들을 향한 그 깊으신 사랑

아버지여,
아버지는 참으로 아름다우시며 온전하시나이다.
그 깊이와 넓이를 이 아들이 어떻게 표현할 수 있으리이까.
아버지의 참으심이, 아버지의 기다리심이 한이 없으시나이다.

제게 주신 사명, 그 누구도 이룰 수 없는 아버지의 경작의 섭리,
인생들을 사랑하시는 그 깊으신 사랑을
이 아들이 이 땅의 영혼들에게 다 전해 주기를 원하나이다.

불쌍한 인생들을 위해 흘리신 눈물이 얼마이시며
또 그 희생은 얼마이시나이까.

사랑하는 아버지여,
이 아들이 어제도 오늘도 내일도
아버지의 마음을 생각하며 이루실 일들을 생각하나이다.

영혼들을 향한 이 아들의 뜨거운 사랑이
이 많은 영혼들에게 덮어지기를 원하나이다.

아버지 하나님의 깊은 사랑을
만민에게 전하기 원하는 마음을 담은 기도

축복 잔치를 드리며

아버지여, 오셨나이까?
마음으로는 느껴지되 오늘도 뵙고픈
아버지의 얼굴은 보이지 않으오니
아버지여, 이 애절한 아들의 마음을 느끼시니이까?

아버지 품에 안겨 이 아들의 마음에 있는
이 모든 간절함을 쏟아내고자 하되
나의 사랑하는 아버지는 내 눈에 보이지 아니하시고,
간절한 이 아들의 마음만이 더욱 절실해지나이다.

아버지께서 오시어 보시오니,
아버지께서 이 제단을 보시오니, 아버지께서 이루신 일들이온데
더 온전함으로 드리고 싶은 이 아들의 마음을 들으소서.
아버지께서 하시지 아니하시면
이 아들은 아무것도 아니옴을 아심이나이다.

아버지여, 이 아들의 간절함이 이 땅의 축복됨으로
크게, 더욱 크게 이루시길 원하나이다.

오늘도 힘을 다하나이다

이 땅의 한계를 느낀다는 것
결코 쉬운 일은 아니나이다.
우리 주님…, 이 땅의 사역이 이러하셨나이까?

많은 권능을 주셨으되,
아버지의 뜻 안에서 공의를 채워야만
이루어지는 이 일들이
내게는 주체할 수 없는 슬픔이 되기도 하나이다.

그러나 오늘도 내일도 이길 수 있음은
이 아들이 아버지를 사랑하고,
많은 영혼들이 나를 위해 마음을 함께함이니
나는 멈추지 않겠나이다.

오늘도 내일도 하루하루를
마음을 다하고 뜻을 다하고 정성을 다하리니
아버지의 뜻만이 이루어지니이다.

내겐 아직 숨 쉴 수 있는 기운이 남아 있고,
내 마음은 아버지와 아버지 나라와
영혼들로 인해 뜨겁고 뜨거우니
내가 모든 것을 마땅히 감당하나이다.

사랑하는 내 아버지,
사랑하는 내 아버지, 사랑하는 내 주님,
사랑하는 아버지의 양 떼들을 위해
오늘도 힘을 다하나이다.

2012년, 산상기도 중에
하나님의 권능을 온전히 펼치기까지 멈추지 않고
힘을 다해 나아가기를 원하며 올린 고백

영의 흐름을 타고 힘차게 나가기를

아버지 하나님의 섭리는 늘 위대하셨고
너무 크시어서 아버지께서 보이시고
베푸시는 일로 이 아들에게 힘을 주시고,
아버지의 자녀들을 이끌어 가심에 감사를 드리나이다.

늘 아버지께서 하셨고 늘 아버지께서 주셨고
늘 아버지께서 보이셔서 오늘날 이 많은 영혼들이
아버지의 영의 흐름을 타고 힘차게 나아감을 보나이다.

아버지 주신 이 축복이
어느 누구에게만이 아닌 모두에게 되어지길 원하나이다.
낙오되는 이가 없기를 원하나이다.

모두가 이 흐름에 동참하여 죄에서, 악에서 벗어나
아버지의 사랑 가운데 살아가길 원하나이다.
이것이 아버지의 뜻임을 이 아들이 잘 알고 있나이다.
모두가 주신 이 은혜의 기회를 잡기 원하나이다.

모든 성도가 영의 흐름을 잘 타고
참 자녀로 변화되기를 바라며
아버지 하나님께 올린 기도

사랑 안 가는 이가 없음을

나의 아버지, 나의 아버지,
내가 서 있을 수 있음도 아버지의 은혜요,
내게 맡겨 주신 양 떼와 더불어
함께 있을 수 있음도 아버지의 은혜이니이다.

사랑하는 나의 아버지,
이 아들이 원하는 바가 있어
아버지께 마음을 다해 올리니이다.

내게 속한 모든 이들이
이 영의 흐름을 온전히 타길 원하며
아버지 주신 이 비전을 신속히 이루기를 원하나이다.

어떤 이는 저와 함께 30년,
어떤 이는 20년, 어떤 이는 10년,
어려울 때 함께 눈물 흘린 이들도 있고
어리석어 자기 앞의 유익만을 본 자도 있으되
모두가 다 이 아들의 양 떼이니이다.

하나도 이 흐름에서 낙오되길 원치 않으므로
아버지께서 근본을 발하게 하시나이다.

어느 하나 버리고 싶지 않고
어느 하나 사랑 안 가는 이가 없음을
아버지께서 아시나이다.

나는 힘이 없어 눈앞이 흐리고
다리의 힘이 풀려도
다시금 정신을 차리나이다.

그래도 내 마음이 기쁜 것은 아버지의 약속이니
그것이 곧 이들의 축복임을 믿기에
다시 정신을 가다듬어 아버지의 뜻을 전하나이다.

내 마음이 이들에게,
내 사랑하는 영혼들에게 깊숙이 전달되기 원하나이다.

2012~2013년, 송구영신예배 전
한 영혼도 낙오됨이 없기를 바라며 마음 다해 올린 기도

산으로 발걸음을 옮기며

아버지,
이제 또 아버지의 명에 따라
산으로 발걸음을 옮깁니다.

내 사랑하는 영혼들에게 근본의 소리를 발하였으니
아버지께서 그 소리 하나라도
빠지지 않고 임할 수 있도록 도와주소서.

항상 아버지께만 이 아들이 순종하였을 뿐이니,
이 아들의 마음을 아버지는 아심이니이다.
내 사랑하는 영혼들에게 기도의 능력과
변화의 능력이 온전히 임하게 하소서.

이 아들이 온 힘을 다해 아버지께 또 영혼들을 위해
오늘 하루를 다하였으니 아버지의 온전함으로
이 모든 것을 이루시길 원하오며,
내 사랑하는 영혼들을 부탁드리나이다.

2012~2013년, 송구영신예배 후
아버지 하나님께 사랑하는 영혼들을 부탁드리며 올린 기도

어찌 살릴 수 있을까

아버지,
오늘도 이 아들은 이들의 죄를 보나이다.

인생들이 어리석어 아버지를 오해하고
주를 오해하고 이 아들을 오해하여
이들이 괴로움 중에 있으니 이 아들의 마음이 아프나이다.

어찌 이런 생각을 한단 말인가.
몇 번을 입에서 되뇌어도 다시금 아버지께
이들을 용서해 달라 간구할 수밖에 없나이다.

미운 것이 아니라 싫은 것이 아니라
오히려 불쌍하고, 어찌 살릴 수 있을까를 생각하나이다.

아버지도 그러하셨나이까.
사랑하는 주도 그리하셨나이까.
그래서 이 오랜 세월
그렇게 기다리시며 애타게 보내셨나이까.

아버지의 사랑, 내 주의 사랑,
그 마음의 깊이가
내 마음에 절절히 느껴지나이다.

어느 때까지, 아니 주 오실 때까지
이 아들은 포기하지 않겠나이다.

아버지 지으신 이들이 변화되고 변화되기까지
이 아들은 참고 기다리며 이끌어 가겠나이다.

내게 주신 아버지의 사명,
이 소중한 사명을 인하여 오늘의 눈물도
또 내일의 눈물도 능히 감당하나이다.

2013년, 산상기도 중에
죄악의 늪에 빠져 고통 중에 있는 성도들을 위해
애타는 심정으로 눈물을 흘리며 올린 기도

아버지의 마음

아버지여, 아버지의 마음을 아나이다.
이들을 구원하시고자 하는
아버지의 사랑을 이 아들이 아나이다.

아버지의 근본은 사랑이시며
아버지의 마음은 살리시고자 하심이니이다.

이들을 보고 화가 나신 듯 말씀하시나
그 마음 안에는 이들을 위한 눈물이 있음을
이 아들은 아나이다.

아버지는 항상 좋은 것으로만 주셨고
아버지는 항상 위로만 주심이니
어찌 아버지의 마음을 모른다 하겠나이까.

아버지의 참음을 이들도 알거늘
오늘의 이 일이 아버지의 마음을
깊이 알 수 있는 길이 되게 하셨나이다.

감사하나이다.
사랑하나이다.

내 아버지,
그 넓고 아름다우신 아버지께
안기고 싶되
기다리겠나이다.
이 아들을 부르실 때까지….

기다림 끝에 있을 아버지의 영광

눈에 귀에 내 머리에 내 몸에….
아무것도 내가 하고자 함대로 되지 않음이 나를 괴롭힌대도
내 마음은 할 수 있는 사랑으로 가득하나이다.

지금은 오직 사랑의 힘으로 나를 버티나이다.
믿음 소망 그것으로도 되어지지 않는
이 어려움을 오직 사랑으로 버티나이다.

누워서 아버지를, 앉아서 아버지를,
손에 숟가락이 들려 있는지 알지 못하는 순간에도,
내가 서있는 건지 나조차도 느끼지 못하는 순간도 아버지만을
너무 절실히 너무 절실히 아버지만을 바라보나이다.

사람이구나, 몸이 있구나
하루가 지나는구나, 저녁이 되었구나
사랑하는 성도들이 모이는 시간이구나조차도 잊는 내 모습.
31년을… 사랑하는 성도들,
아버지의 양 떼들에게 마음이 떠난 적이 없는데….

그 양 떼들이 모이는 시간도,
예배드리는 시간도
내 의지로 인식하지 못하는 순간이
슬프고 괴롭기도 하지만
내 마음만큼은 그 어느 때보다도
사랑으로 가득하나이다.

아버지,
눈물을 너무 흘려 눈이 흐린 것인지
담아두지 못할 일들을 많이 들어
귀가 흐려진 것인지…
그래도 개의치 않나이다.

영혼들이 변화됨이 또 사랑함이
나를 일으켜 세우니 또 힘을 내나이다.
이 기다림의 끝에 있을 아버지의 영광을 위해….

산상기도 중에 사랑하는 성도들의 변화와
영적 성장, 축복을 위한
공의를 대신 채우며 올린 고백

이들을 살리고 싶을 뿐…

인생들이 어리석어
아버지를 욕되이 하며 이 아들을 욕되게 하나

아버지, 저들이 미운 것이 아니라
살리고 싶은 마음뿐이며,
변화될 수 있는 길만을 열고 싶을 뿐이니이다.

많은 선진들의 삶도,
사랑하는 내 주의 삶도
늘 살리는 길, 믿음의 길,
영광의 길이 될 수 있게 하셨듯이
이 아들도 이들을 살리고 싶을 뿐….

'어디까지… 얼마큼… 더 이상…'
이렇게 생각하면 너무하다 싶다가도
다시 내 마음은 이들을 사랑하여
살리고 싶은 마음으로 돌아오나이다.

아버지,
아버지의 공의로
아버지의 사랑이 되게 하사
아버지께서 하시고자 함대로 이루소서.

모든 것은 이 아들이 받겠나이다.

2013년, 부활절에
하나님을 욕되게 하는 이들이라도
살리고 싶은 마음으로 아버지 하나님께 올린 기도

아버지를 위로해 드리리니

아버지,
저를 생각하셨나이까.
이 아들은 아버지 주신 은혜로
오늘 이날 최선을 다하나이다.

잠시 마음을 놓으면 쓰러질 듯하나
다시 아버지 주시는 힘을 느끼며
정신을 가다듬어 아버지의 뜻을 행하나이다.

눈물겹도록 보낸
지난날을 생각해 보면
아버지 은혜가 아니었던들
이 아들이 어찌 견딜 수 있었겠나이까.

하지만 내 괴로움이
아버지의 괴로움과 비길 수 있었겠나이까.
내 괴로움을 생각하사 오늘의 이 은혜를 주시나니
아버지의 사랑이니이다.

이제 이 아들과 이 제단이
아버지를 위로해 드리리니
아버지여,
그 귀하신 눈물을 거두소서.

지금의 내 모습은 거친 숨과 떨리는 다리,
눈물로 짓무른 눈이오되
아버지의 말씀대로 부활로 나오리이다.

아버지의 섭리
그 크신 아버지의 마음이
이 제단에 가득하나이다.

2013년 부활절에
성도들이 영적인 부활로 나와
하나님을 위로해 드릴 것을 바라보며 올린 고백

아무것도 아끼지 않았나이다

아버지, 나의 아버지,
한 번도 이 길이 싫다 하지 않았고
후회하지도 않았나이다.

할 수만 있다면
내 눈도 내 귀도 내 손도 내 팔도 내 호흡도
영혼들에게 다 주고 또 주었나이다.
이것으로 아버지의 뜻이 이뤄지고
불쌍한 영혼들이 살 수 있다면 아무것도 아끼지 않았나이다.

조금만 쉬자, 조금만 눕자
조금만 갖자, 이런 마음 자체도 없었나이다.
내 것이다 나만의 것이다 주장한 적도 없고
줄 수만 있다면 내가 헐벗어도
내가 죽는다 해도 두렵지 않았나이다.

이것이 나의 중심이며
아버지의 영혼에 대한 사랑이나이다.

당연하다 생각했고 당연히 그래야 된다고 생각하며
지금까지 살아왔나이다.

지금도 이 아들은 무엇을 줄까,
무엇으로 이들에게 충만함을,
아버지의 사랑을 줄까를 생각하나이다.

사랑하는 나의 아버지, 내 주여,
아버지의 이름만을 입술에 내어도 너무나 뵙고 싶지만
뵙고 싶어도 보지 않는 것이
이들에게 더 나눠 줄 수 있는 혜택이라면
그것마저도 포기하나이다.

사랑하는 내 아버지, 내 주여,
어제도 그리하였으되 오늘도 또한 내일도
감사와 사랑과 믿음으로 나아가리이다.

2013년 맥추감사주일에
산상기도를 앞두고 영혼들을 위해
주고 주고 또 주고자 하는 목자의 고백

사랑하시는 제단

늘 그리했듯
아버지의 선한 뜻만을 찾아온 지
어느덧 30년의 세월이
훌쩍 지나 지금의 시간 앞에 있나이다.
이제 이 아들의 마음은 아버지의 마음을 닮아
흘러간 시간만큼이나 커져 있나이다.

어떨 땐 '내가 아버지께 영광을 돌림에 있어
부족한 것은 없었나'를 생각해 보기도 했고
어떨 때는 '내가 아버지께 더 드릴 수 있는데
마음 쓰지 못한 것은 없었나' 생각해 보기도 하고
어떨 땐 '가룟 유다와 같은 자라 할지라도
살릴 수 있는 방법은 있지 않을까'를
생각해 보기도 하나이다.

내 마음은 아버지를 너무도 그리워하는데
뵐 수 없음으로 눈물에 눈물을 더해도
다시 만날 그날을 생각하며 나아간 세월들을

아버지는 기억하사
이 제단에 이처럼
큰 일을 행하시나이다.

아버지의 품에 안기는 그날까지
이 아들은 조금의 멈춤도 없나니
이 아들은 아버지의 것이기 때문이니이다.

내게 조금의 쉼도
허락지 않은 날들을 보상하사
아버지의 영광만이
이 제단에 있게 하셨나이다.

지난 30여 년간의 목회를 돌아보고
앞으로 펼치실 아버지 하나님의 권능과 섭리,
그 열매를 믿음으로 바라보며 올린 고백

사랑의 흔적

참는다는 단어
기다린다는 단어
그 단어가 내게 필요가 있는가.

한 날, 한 날 날 수를 세어
한 달, 한 달 달 수를 세어
일 년, 일 년 연수를 세어 보내온 이 날들이
내 몸에 영혼들에 대한 사랑의 흔적으로 쌓였구나.

눈이라도, 귀라도, 내 손과 발이라도,
내 기관과 세포라도 다 주어 구원할 수 있다면
더 좋은 천국에 갈 수 있다면
그것이 오늘을 사는 이유가 되어
이 많은 세월들이 흘렀구나.

그래도 내게 남은 것이 이들을 사랑하는 내 마음의 증거니
내가 하고 싶은 대로 내 몸을 지탱할 수 없어도
나는 감사만 있네.

나 하나로 많은 이들이 구원을 얻고
많은 이들이 아버지의 참 자녀가 된다는
이 놀라운 아버지의 사랑이
내게는 위로가 되며 잠시의 위안이 된다네.

그래서 나의 하루하루는
오직 사랑과 눈물로 빚어진 세월이네.

이 세월을 기억하시는 분이 계시니
그분이 나의 아버지.
사랑하는 나의 아버지라네.

수많은 성도들이 믿음의 열매가 될 것을 바라보며
사랑과 눈물로 하루하루를 보내는
목자의 고백

목자의 눈물

아버지,
나의 아버지….

저는 아버지의 명을 따르나
감히 나의 아버지 그 사랑의 아버지께
정면으로 부딪칠 순 없나이다.

아버지는 하라 하시지만
이 아들이 아버지의 그 선과 사랑을 알거늘
어찌 감히 아버지의 빛에 나를 견주리요.

오직 내가 아버지께 할 수 있는 것은
사랑으로 아버지께 다가가는 것뿐이니
아버지, 이 아들의 마음이 그러하나이다.

아버지,
지금 아버지께서 내 앞에 계시다면
내 마음이 눈물이 되어 흐르리니 그것이

내가 아버지를 그리워하는
사랑의 마음이니이다.

아버지,
안기고 싶고
뵙고 싶은 내 아버지,
아버지 품에 안겨 아버지의 마음에
내 마음을 담고 싶나이다.

그만 생각하려 해도
아버지에 대한 그리움이 시작되면
그치질 아니하니
이 마음이 영광이 되기를
아버지의 영광이 되기를….

아버지의 영광을 위해

눈 앞에 보이는 것으로만 생각하였더라면
아버지의 마음을 알 수 있었을까…
아버지를 핑계 삼아 내가 하고 싶은 것을 내세웠더라면
어찌할 뻔했을까….

그런 마음이 조금도 없이 왔지만
지금의 내 마음에 있는 난감함이 아주 작은 하나하나를 살피게 하네.
매 순간순간 아버지께로만 주님께로만 향한 내 마음….
그것이 늘 감사하였고,
내가 없는 이 마음이 늘 아버지께 감사하였건만
지금의 아버지는 내게 아버지를 의지 말라 하시네.
내 전부인 아버지를.

내 삶 전부를
아버지를, 주님을 의지해서 살았건만
아버지는 내 안에 있는 성령의 음성을 들으라 하시네.
아버지께서 자세히 알려 주시고 그것이 기쁜 나인데
가라 하면 가고 있으라 하면 있고 이것이 제일 쉬운 길이건만….

아버지는 갈 길도 설 길도 나보고 정하라 하시네,
이렇게 어려운 일들을.
그래도 늘 내가 할 수 있다 믿으시고 명하시는 일이니 감사하지만
막막하고 막막함을 어찌 말할까.
아버지도 이런 공허함 속에 계셨을까.

오늘 하루 아버지의 마음을 생각하며
내가 하고 있는 일들을 비춰 본다네.
얼마나 내가 하는 이 일이 아버지 뜻에 가까운지….
아무것도 보이지 않아도 나는 아네.
아버지는 내 아버지이시요
내게 항상 선한 일을 명하시는 분이시요
훗날의 결과는 항상 선이셨으니….

오늘도 난 힘을 낸다네.
내 사랑하는 이들을 위해
아버지의 사랑을 위해, 아버지의 영광을 위해.

하나님의 섭리 가운데 마지막 때를 준비하며
하나님께서 주신 뜻을 풀기 위해
산상에서 기도하며 올린 고백

영광을 받으소서

아버지, 이 아들이 아버지의 이름을
영화롭게 하고자 이렇게 나왔나이다.
수일을 아니 수년을
아버지의 영광만을 바랐나이다.

오랜만에 사랑하는 성도들과
아버지의 영광을 드러내기 위해
이곳에 나왔나이다.
좋나이다. 감사하나이다.
아버지의 영광이 크실 것이니
이 아들이 행복하나이다.

무엇을 명하실지 이 아들은 아나이다.
감사하나이다.
늘 이 아들의 마음을 감동시키시나이다.
이 아들의 마음을 지나치지 아니하시나이다.
오늘 이 영광을 받으소서.

2013년, 하계 수련회 첫날
놀라운 권능의 역사로 영광 받으실
아버지 하나님께 올린 기도

만민의 이름으로 펼쳐질 끝없는 영광

하루하루의 날들이
아버지의 사랑으로 쌓여 왔으므로
아버지께서 주신 축복이 너무 큼이며
아버지의 사역을 이루기 위한 축복이 쌓여 있음이니이다.

지금의 보여지는 것이 전부가 아닌
이 제단에 주실 엄청난 축복을 바라보며
오늘 하루도 지내나이다.

아버지의 사랑이 사랑하는 이들을 변화시키셨고
이제 변화시킬 이 많은 영혼들에게 미치리니
아버지의 권능은 한이 없으시리이다.

사랑하는 아버지,
그 사랑의 힘이 얼마나 큰지
만민에게 보이심이며 영혼들에게 보이심이니 기대하나이다.
사랑하는 만민의 이름으로 펼쳐질 끝없는 영광을….

내 달음질은 끝이 없네

나의 목회에 있어 최대의 순간인 지금,
성결의 복음으로 마지막 때를 이루기 위한 준비가
아버지의 계획 속에 그 윤곽이 드러나는구나.

하나하나 영으로, 온 영을 향하여
끊임없이 달려가는 나의 사랑하는 성도들이
나의 기도의 응답임을 보여 주니
내게 주신 마지막 때 섭리가
창대함을 나는 믿네.

눈물로 강을 이룬다는 표현이 참임을 증명하듯
내 눈의 눈물이 강을 이루었고
모든 것을 다 내어주고자 하는 것이 부모의 심정임을
내 몸이 보여 주니 내가 가릴 것이 없네.

다 주고 또 주고 또 줄 것이 있다면 내 마지막 호흡.
그러나 이 호흡을 남겨 놓는 것은
내가 있어야 되기에 이들과 함께 해야 될 날들이 있기에

내 욕심이 아닌 이들을 위한
아버지 나라를 위한 가장 귀한 것이기에
오늘도 내 호흡이 있어 영혼들을 생각하며
하루라도 아버지의 때를 당기기 위한
내 달음질은 끊임이 없네.

보고 싶은 이가 한둘이 아닐지라도
내 기억에서 사라져 있을지라도
내 마음은 모든 것을 기억하네.

영혼들 하나하나, 일꾼들 하나하나
그들이 어떻게 이 제단에 이끌려 왔고
어떤 믿음으로 달려가고 그들의 기도 제목은 무엇이고
그들에게 주어야 할 은혜는 무엇인지
육의 공간에 비쳐지는 내 모습이 아닌 내 마음에
가득히 남겨 있는 사랑으로 난 나의 사랑하는 자들을
만나기 위한 준비를 하네.

2013년 성탄절을 앞두고
마지막 때를 이루기 위한 준비를 하며
산상기도를 마친 후 올린 목자의 고백

그 열매를 온전히 이룰 때까지

'나의 나 된 것은 하나님의 은혜로라' 하신 대로
내게 속한 모든 이들이
아버지께서 주신 이 은혜를 잊지 않기를….
매 삶 속에서 아버지의 은혜가 아니면
오늘이 있을 수 없다는 것을 잊지 않기를….

내게 주신 은혜의 세월을 잊지 않았기에
오늘날 난 이 많은 이들의 목자가 될 수 있었듯
사랑하는 이들이 누리는 이 은혜가
아버지의 눈물임을 잊지 않기를….

아름답고 아름다운 그곳으로
하나라도 더 이끌기 위한 내 눈물을 이들이 잊지 않기를….

난 나 혼자라 생각해 본 일이 없네.
내가 목자가 된 그 순간부터
내가 먹을 때도 기도할 때도 숨 쉴 때도
내 눈엔 내 영혼들로 가득하네.

잊어본 적이 없네, 이들의 기도 제목을…
이들에게 주어야 할 은혜를…
내가 짊어져야 할 일들을….

그래도 내겐 항상 감사가 있었던 것은
이들을 사랑하기 때문…
또한 아버지를 사랑하기 때문….

하루하루 보내는 이 세월 속에 묻어 있는 나의 사랑이
내 사랑하는 이들에게 전달되어
그 열매를 온전히 이룰 때까지 난 끝없이 전진하네.

내 사랑은 한이 없으니…
아버지의 사랑도 한이 없으니….

가장 좋은 것을 주고자 하시는
아버지 하나님의 마음으로
영혼들을 사랑하는 마음이 담긴 고백

아버지 눈에 고인 영혼들

많은 이들이 얻을 수 없는
믿음의 분량들을 얻게 하기까지
아버지의 마음을 살피나이다.

아버지의 사랑과 노고를 생각하나이다.
아버지도 그러하셨습니다. 한 번도
힘들다, 이들이 싫다 하시지 않았습니다.

저를 믿듯이 이들도 믿어 주셨고,
저를 사랑해 주시듯 이들도 사랑해 주셨습니다.

제가 이들을 소중히 여기어
새 예루살렘 목자의 성에 들이고자 할 때에
아버지는 그렇다 해 주셨습니다.

이들이 아직은 부족할지라도
아버지는 훗날을 보시나니 더 많은 이들이
아버지의 눈에 가득 고이기를 원하나이다.

수많은 성도가
새 예루살렘 성에 들어가기를 바라는 마음으로
아버지 하나님께 올린 고백

사랑하는 내 아버지

감사드리나이다, 아버지.
아버지의 영광이 드러남이며
아버지의 온전하심이 드러남이니이다.

참으로 많은 날들을 기다리신 내 아버지.
내 모든 것을 다해 감사드리나이다.
아버지는 늘 이 아들과 이 제단과 함께 계셨나이다.

아버지의 영광이 만천하에 드러났으니
무엇으로 이 감사를 올리리이까.
이 아들의 감사가 눈물이 되나이다.
아버지의 기다리심이 열매가 되었나이다.
비로소 이 아들의 마음에도 참 평안이 있나이다.

내 아버지여, 내 사랑의 아버지여,
오늘은 아버지가 더욱 그리우니 아버지에 대한
나의 사랑이 절제가 되지 않음이니이다.
사랑하는 내 아버지, 감사드리나이다. 감사드리나이다.

참된 안식을 누릴 수 있는
가나안 성전 건축 후
사랑하는 아버지 하나님께 올리는 고백

공중 혼인 잔치에서의 고백

사랑하는 아버지여, 내 주여,
아버지의 품에 안겨 내가 가진 아버지를 향한
이 사랑을 마음껏 드릴 수 있음에
말할 수 없는 감동이 밀려오나이다.

너무나 뵈옵고 싶었고
너무나도 그리웠던 내 마음이
주체할 수 없는 눈물이 되어
옷깃을 적시고 또 적시나이다.

무엇을 먼저 말하며 무엇을 뒤로 하리이까.
매 순간 순간마다 하늘에 대한
아버지에 대한 사랑이, 그리움이
지금의 이와 같은 영광 안에 있을 수 있게 하였으리이다.

아버지여,
이런 큰 기쁨과 감동 뒤에 이 아들에게 밀려오는
또 다른 마음이 있으니 들으소서.

저 땅에 두고 온
아버지의 사역자들을 기억하시며
또한 구원을 앞두고 몸부림칠 영혼들을 기억하소서.

아버지의 은혜와 기회 속에
다시금 구원을 얻을 수 있는 자들이
또 구원을 반드시 이룰 수 있도록 아버지여, 도와주소서.

아버지의 계획 속에
모두가 즐거이 베푸실 잔치에 참여할 때까지
아버지의 마음속 깊이 기억해 주소서.

내 눈물이 이 눈물이
아버지를 뵙는 기쁨과 감동으로 흐르고 흐르나
저들을 향한 애처로움의 이 눈물이 끝이 없나이다.

사랑하는 나의 아버지여, 사랑하나이다.

새 예루살렘에서 올리는 고백

내 아버지여,
별처럼, 해처럼 빛나는 영혼들을 아버지 품에 드리나이다.
많은 영혼들을 이곳에 들이며 이 아름다운 곳에 올 수 있도록
아버지 앞에 간구하며 애통하며 보낸 날들이
결국 아버지의 경작의 열매가 되었나이다.

이 아들이 한 것은 아무것도 없으며
아버지의 은혜로 그 온전한 사랑으로 이 모든 것을 이룰 수 있었나이다.
이제는 이 아들의 눈물이 진주가 되어 이처럼 열매를 얻었고
그리움에 눈물짓던 아버지 앞에 왔으므로
따뜻한 아버지 품에 안기나이다.

너무 뵙고 싶었나이다.
아버지를, 내 주를 너무 뵙고 싶었나이다.
그동안에 사무쳤던 이 그리움의 눈물을
그 부드러운 손으로 닦아주소서.
내 아버지여, 내 주여!

마지막 때 하나님의 섭리를 이루고
가장 아름다운 천국 새 예루살렘 성에 들어가
아버지 하나님께 드리는 고백

아버지, 주님, 나

아버지, 주님, 나.
그립고 그리운 이름.
불러도 불러도 한이 없이 보고픈 분들.

마음이 아리도록 사무치도록
깊이, 가슴 깊이 사랑하는
나의 아버지,
나의 주님,
나의 모든 것.

만민을 구원하는 마지막 때의 섭리를 이루기 위해
사무치는 그리움을 참으며 이 땅에서 드린 고백을
천국집에 새겨주신 하나님 사랑

고백

초판 1쇄 발행 2014년 3월 7일
초판 2쇄 발행 2014년 3월 17일
초판 3쇄 발행 2014년 3월 27일

지은이 이재록
발행인 빈성남
편집인 빈금선

펴낸곳 우림북
등　록 1989년 4월 11일 제 1-904호
주　소 156-848 서울시 동작구 여의대방로22길 73, 1층
전　화 02-851-3845, 070-8240-5611(편집)
　　　　02-837-7632, 070-8240-2072(마케팅)
　　　　070-8240-5632(디자인)
팩　스 02-830-1844(편집), 02-869-1537(마케팅)

ISBN 978-89-7557-896-0   03230

우림

우림은 구약 시대에 대제사장이 하나님의 뜻을 묻기 위해 사용하던 판결 흉패이며,
히브리어로 '빛'이라는 의미가 있습니다(출애굽기 28:30).
빛은, 곧 하나님 말씀이며 생명입니다.
우림북은 온 세상에 참 빛을 비추고자 오늘도 기도와 정성으로 문서선교 사역에 앞장서고 있습니다.
www.urimbooks.com